DAS GANZE NOCHMAL

DAS GANZE NOCHMAL

Celebrity Autobiography

Ute Sander

Library of Congress Control Number:		2011961151
ISBN:	Hardcover	978-1-4653-0763-7
	Softcover	978-1-4653-0762-0
	Ebook	978-1-4653-0764-4

This book was printed in the United States of America.

To order additional copies of this book, contact:
Xlibris Corporation
1-888-795-4274
www. Xlibris. com
Orders@Xlibris. com
106998

CONTENTS

—Exposè für ein erzählendes Sachbuch –von christian seidel.

Vom Model zum Menschen

Tatsachenprotokoll über die ungewöhnliche Selbstrettung eines ehemaligen Fashionmodels

Kurzpitch:

Der Beruf des Models oder der Schauspielerin ist heute einer der begehrtesten Traumberufe junger Mädchen. Weltweit werden jährlich abertausende Mädchen gecastet, die alle nur von einem schwärmen: berühmt und reich zu werden, so dass sie ein sorgenloses Leben führen können. Stattdessen kann der relativ kleine Markt der Entertainmentindustrie unmöglich solche Massen an Models aufnehmen. Wer nicht mit Ellenbogen kämpft, fällt sofort durch Gitter. Wer nicht spurt, wird ausrangiert. Wer nicht zufällig im richtigen Moment einen guten Vertrag bekommt, ist weg vom Fenster. Im Rampenlicht der Glitzerwelt verstricken sich die Mädchen in eine Welt des Scheins, des Lug und Trug, aus der sie oft erst Jahrzehnte später wieder erwachen. Die Autorin erzählt von dieser Welt anhand ihres eigenen Lebens.

Ute Sander war eine dieser schwärmenden jungen Frauen, die vom Glück in der glorreichen Welt der Kameras geträumt hatten. Sie hatte sogar einen dieser idealen Verträge. Ihre Voraussetzungen war nicht die Schlechteste. In den 80er-Jahren wurde sie bekannt, weil sie in einem Film an der Seite des berühmten Klamauk-Komikers, Otto' Rollen spielte. Dieses Buch ist der Tatsachenbericht einer Frau, die sich in der Glitzerwelt selbst verloren hat, deren Träume von Geschäftsleuten und Stars, wie Otto, benutzt und mißbraucht wurden. Eine Abrechnung mit Enthüllungscharakter. Die tragische Geschichte verlorengegangener Träume in einem Beruf, in dem junge Frauen wie Wegwerfprodukte behandelt werden und einen niemand auffängt. Die persönliche Erzählung über eine Welt, in der Skrupellosigkeit und Falschheit zu den charakterlichen Kernmerkmalen der Verantwortlichen zählen. Der Lebensbericht einer Frau, die mit ihren Träumen gestrandet ist, mit ihrem

Leben am Ende war, vom Jetset zu den Drogen, von den teuren Hotels in billige Kaschemmen, die sich irgendwann vorkam, wie ein Tier, für welches die menschlichen Gesetze nicht mehr gelten.

Eine Geschichte mit Happy End: Denn genau durch ihre Leidenschaft für die Tiere ist es Ute Sander schließlich gelungen, sich selbst am eigenen Schopf aus ihrem Elend herauszuziehen.

„Vom Model zum Menschen" ist die authentische Geschichte der Metamorphose einer Frau, der es gelungen ist, sich selbst zu retten in einer Welt, in der so viele junge Frauen für immer verlorengehen.

Kapitel 1

Träume und Schatten

Wenn der Himmel hellblau ist und die Sonne scheint, ich die Kaugeräusche von meinen Pferden höre, nur an den Himmel denke, und sonst nichts, denke ich gleichzeitig an so viel—auch an antike Holzpferde auf einem Kinder-Karussell—welches so schnell fährt, dass man—schwuppdiwupp—sehr schnell rausfliegen kann. Aber trotzdem so, als ob man sich von Watte umgeben fühlt. Es ist die Welt, welche am Horizont nicht aufhört. Sie scheint rosarot—was auch immer geschieht, ganz egal was in derselben los ist. Alles ist bunt und schön. und ich sitze im norden von texas. ein spruch den ich mal irgendwann gelesen habe hiess' wo die welt und das herumirren aufhoert, da faengt texas an. Und deshalb glaube ich, bin ich hier.

So sah es für mich in Oldenburg 1972, zumindest am Anfang nach aussen hin aus. Ich wollte einfach lieber bei den bunten Holzpferden bleiben, als meinen Grosseltern hinterher zu wandern, denn irgendwie wirkten die Pferde auf mich sympatischer, und auch etwas dynamischer.

Zu meinen Grosseltern kam ich nach einem besonders schlimmen Abend häuslicher Gewalt zwischen meinen Eltern.

An jenem Abend war meine mutter ein opfer von gewalt und blinder rage.sie schnappte sich unseren Halbbruder, kletterte mit ihm aus dem Badezimmerfenster und war einfach weg. Eine Erinnerung daran, was alles genau vorgefallen war, ist natürlich kaum vorhanden. Ich war ungefähr drei Jahre alt. Allerdings gab es ständig Streit bei uns, nicht nur in Form von Demütigung durch Worte, sondern auch Prügel und eine fürchterliche Angst, die sich ständig einschlich, obwohl ich noch so klein war und ja eigentlich nicht verstehen konnte, was da abging, geschweige denn, warum. Aber ich bekam es eben mit. das meisste, wurde mir durch erzaehlungen mitgeteilt.

Kurz danach folgte die Scheidung meiner Eltern. So landeten wir, meine Schwester und ich, bei unseren Großeltern, die damals bereits sehr alt und kaputt waren—sie hatten schließlich auch schon zwei Kriege miterlebt. Mit meinem Großvater war es sehr schwer. Als Ex-Nazi regierte bei Prügel nicht nur die flache Hand, sondern auch herunter gemacht zu werden,. und emotionale diskriminierung. Ich hatte Angst, an meinem Großvater vorbei zu gehen. Denn wenn ich an ihm vorbei ging, gab es mit dem Handrücken, Zeige—und Mittelfinger einer großen Männerhand einen Hieb auf mein Hinterteil. Die Hiebe gab es täglich. Mir wurde dann immer schlecht, und irgendwann kam mir die Idee, einfach in meinem Zimmer in eine Ecke zu pinkeln, damit ich nicht mehr an ihm vorbei musste.

Er war Jahrgang 1901 und so viele Dinge unserer Familiengeschichte lagen für mich im verborgenen. irgend jemand meinte mal der krieg hatte ihn veraendert, aber ich habe mir am ende nicht genug um ihn geschissen. und das soll wohl etwas heissen.

Das erste mal wurde ich mitgenommen an „die Grenze" und dem was meine Grosseltern immer als 'Ostzone' bezeichneten als ich ungefähr 5 Jahre alt war.

Die „Ostzone" bestand aus meiner Tante zu der wir einmal im Jahr zu Besuch

Fuhren in die DDR. Das nannten sie Urlaub machen. Ich erinnere mich an Freude als wir dort ankamen, und viele Tränen als wir wieder fuhren.

Meinem Grossvater kam niemals ein Wort über die geschichtliche Vergangenheit über die Lippen.

Ich war ja auch noch etwas zu klein, das alles zu verstehen. Aber er bemühte sich gar nicht erst zu versuchen mir zu sagen, dass Deutschland in 2 Hälften geteilt war und es daher eine Grenze gab. Und man sich deshalb nicht ständig einfach mal eben kurz besuchen konnte, auch wenn man es gerne wollte.

Und dass da deswegen diese Männer mit den Gewehren standen. Und eine mauer die eine grenze war.

Diese gewisse Ignoranz, mir nie etwas bei zu bringen spiegelte sich im Laufe der Jahre immer wieder in seinem Verhalten ab.

Erst sehr viel später in meinem Leben—ungefähr als ich erfuhr wer Hitler überhaupt war—wurde mir gesagt, dass er sich selbst sehr für denselben eingesetzt hatte.

1952, also erst einige Jahre nach Ende des Krieges kehrte er aus russischer Gefangenschaft zurück nach Gatersleben, in die „Ostzone"—oder viel mehr dem kleinen Dorf, in dem er seine Wurzeln hatte, zurück.

mein grossvater, und mein vater , zehn jahre alt, 1944
in ostdeuschland. am naechsten tag ging es nach russland

Aber immer noch herrschte große Angst und die Gefahr, dass er umgebracht werden könne. So kam es, dass er den Osten so schnell wie möglich verlies.

Er schnappte sich seinen Sohn—meinen Vater, der damals schon 22 Jahre alt war—und flüchtete mit ihm unter todesgefahr der Grenze in den Westen. Die beiden versteckten sich tagsüber in Ställen und versuchten nachts soweit wie möglich zu kommen. Allerdings ohne eine Anlaufstelle zu haben. Es muß unglaublich schwer gewesen sein auf der Flucht. Zu laufen, immer zu laufen ohne einen konkreten Punkt vor Augen. Immer weiter, während ihnen nicht selten ein paar Kugeln um die Ohren pfiffen. Der Westen. Er versprach erstmal nur Freiheit, sonst nichts.

Wenn ich als Kind aufmuckte und zu weit weg war für einen Hieb mit der Hand zog er sich den rechten Pantoffel aus und schmiss ihn nach mir. wenn er mich getroffen hatte, war das schmerzhaft.

Es wurde aber nur gesagt ich sei wieder mal sehr ungezogen. Nicht warum.

Ich gruselte mich insbesondere vor seinen Füssen, denn sämtliche Zehen waren ihm während seiner Gefangenschaft in Russland abgefroren.

Es waren in diesen gewissen, doch sehr prägsamen „Pantoffel Momenten" weder er noch meine Großmutter für mich da. Mir wurde da schon regelmässig eingetrichtert, ich sei ja nun schon ein großes Mädchen. Ich war inzwischen 6 Jahre alt. Aber was ich an Unartigkeit getan hatte, wurde mir nicht berichtet. Wie sollte ich bloß so vermeiden, den Zorn meines Großvaters nicht mehr zu erregen?

Mein Ansprechpartner und Vertraute war zu dieser Zeit nur der neuste Schrei. Es handelte sich um eine Sprechpuppe mit dem Namen 'Erika,' der ich das Haar kämmte. Ihr konnte ich alles erzählen.

Wir wohnten ländlich und hatten immer einen Garten mit vielen Obstbäumen. Oft gab es zum Nachtisch Kirschen. Als Kompott oder frisch auf den Tisch.

Einmal hat mein Opa zu mir gesagt: Du kannst froh sein, dass du hier bist und nicht im Waisenhaus. Die Kinder da kriegen soetwas nicht zu essen. Die dürfen sich das nur angucken . . . auf einem bild. Schuldeinrede, und heruntermachen, wie auch wenn mich meine grossmutter mit sich zum friseur nahm und niedliche blonde locken in eine kurzhaar frisur verwandelt wurden, und dann weinte ich. Und dann hasste ich sie. alles was niedlich war, oder wenn ich auf make up zeigte oder auf eine geschminkte schoene frau, dann war das schlecht . . . schminke sei etwas schlechtes hiess es, und trodzdem schwor ich mir das, wenn ich auch einmal gross sei, ich so schoen wie diese frauen auf irgendwelchen titelbildern sein werde.

Inzwischen schon 7 Jahre alt, hatte ich in der Schule schon sogenannte Lernfehler entwickelt. Meinem Vater wurde berichtet, ich sei in der zweiten Klasse und könne nicht bis 50 zählen.

Da fippte mein Vater fast aus und brüllte meine Grosseltern an.

Was das denn solle. Wieso seine Tochter denn als dumm abgestempelt wurde. Aber bei den Dreien herrschte nur eine grosse Ratlosigkeit.

Einmal, als ich meine Hausaufgaben falsch gemacht hatte, nur aufgrund eines Verständnisproblems knallte meine Oma mir das Heft um die Ohren und weinte dramatisch. Sie schrie mich an, ich sei so ein dummes Stück.

Dann zogen wir mal wieder um. Alle waren sehr aufgeregt und außer Oma und Opa wuselten die Männer des Umzugsunternehmens sehr geschäftig hin und her. und dann war da pruegeln. Das angesagteste, neben essen und trinken und dem 'sandmaennchen.', physisch oder psychisch, es war immer dabei wenn ich nicht spurte . . . da ist auch die erinnerung sofort bei einem nachbarskind das 'birgit grothe 'hiess, und so alt wie ich war. Sie war die tochter eines bauern in unserer nachbarschaft im agrar laendischen 'nellinghof', so hiess der ort. sie wurde sogar von ihrem vater, einem landwirt und auch springreiter mit der pferdepeitsche verdrescht, und das arme, sechsjaerige maedchen kam einmal sogar abends um sieben zu unserer haustuer, aus angst.

Eine weitere „Tracht Prügel" bekam ich oft, und an zwei große kann ich mich noch sehr gut erinnern. Bei der ersten wurde ich hinters Haus geführt, übers Knie gelegt und so verdroschen, dass ich einige Tage Schmerzen beim Sitzen hatte. Und das Ganze nur, weil ich meiner Schwester an die Schulter gehauen hatte. Wenn ich mich nicht so benahm wie er wollte, hörte ich immer nur den Satz: „Die wird mal so wie das Miststück." Damit war meine Mutter, die ich nicht kannte, gemeint. Und dann hatte ich Angst vor ihm—und auch vor ihr. Selbst in diesem frühen Kindesalter fragte ich mich dann, was ich wohl sei, denn das Miststück war doch schon meine Mutter.

Die zweite „Tracht Prügel"—ich war immer noch fünf Jahre alt—kam, als ich vor anderen Leuten einfach nicht auf ihn hörte. Außer vielen blau-grünen und schwarzen Flecken, konnte ich Stunden lang nicht richtig atmen. Es fühlte sich an, wie in den absoluten Schock geschlagen. Ich schrie, und dann spürte ich, wie ich anfing zu schluchzen—und ich weiß, dass er es geschafft hat. Er hat mich „geöffnet", mich aufgebrochen und mir die Eingeweide herausgerissen. Die Tatsache, dass er es getan hat, um mir zu „helfen" oder mich zu erziehen, ist in keiner Weise ein Trost für mich gewesen. weil ich in dem Augenblick nur einen ungeheuren Schmerz spürte. Schmerz, nichts als Schmerz. Und heute kommt der gedanke dazu wie krank er war in seinem miesen hirn. Ich wurde verdroschen . . . weil ich meiner schwester gegen die schulter gehauen hatte.

Meistens wohnten wir sehr ländlich und hatten neben vielen anderen Tieren auch Hühner. Als ich einmal mitansehen musste, wie mein Großvater einem lebendigen Huhn den Kopf abgeschlagen hat, war ich zutiefst verstört, schnappte mir ein anderes Huhn und versuchte es zu retten. Ich lief—für meine kindlichen Verhältnisse—weit in den Wald hinein, bis hinter die Bahngleise. Dort hielt ich erschöpft an, meine Hände umklammerten das arme Huhn, ich zitterte am ganzen Leib, wie ein Baum in einem Hurrikan. Ich merkte, wie mir der Schweiß über die Stirn rannte, mein Sichtfeld hatte sich an den Rändern verdunkelt. Ich hatte Mühe zu atmen, und ich spürte, wie in mir Panik aufstieg, ein klaustrophobisches, eingeengtes, erstickendes Gefühl. Meine Muskeln verkrampften und entkrampften sich unablässig wie ein Sack voll lebender Schlangen. Das Zittern wurde gewaltig, schüttelte meinen ganzen Körper, und der Schweiß rannte mir aus allen Poren. Alle Geräusche waren gedämpft, in meinem Kopf herrschte eine eigenartige, fremde Stille, nur durchbrochen durch das Hämmern meines Herzens. Ich konnte hören, wie es hart und schnell schlug. Ich hatte Angst.

Als mein Großvater mich eingeholt hatte, war er sehr böse und griff sich mit einer Hand das Huhn, mit der anderen mich. Wieder hatte ich etwas für ihn Schlimmes getan. Er schaute zu mir herab, aber in seinen Augen spiegelten sich nur wiederspruechliche Gefühle. Es kostete ihn sichtbare Anstrengung, sich zu beherrschen und nicht zu explodieren. Dann seufzte er nur. Ich war am Ende, weil ich das Schicksal des Huhns nicht ändern konnte ... aber ich begann, mich trotzdem langsam gegen Schmerz und Ängste zu panzern. Diesmal hatte ich Glück und wurde nur mit Nichtbeachtung gestraft. Denn meine Großmutter, hatte endlich ein Aha-Erlebnis—und regte sich ihm gegenüber auf—danach wurde ich nie wieder verprügelt. Stattdessen kam die „Psycho-Prügel". Nach so langer Zeit frage ich mich noch immer, was eigentlich schlimmer war.

Nach außen hin wuchsen wir finanziell sicher und staatlich anerkannt behütet auf. Aber wir mussten aufgrund der vielen Arbeitgeberwechsel meines Vaters bzw. seiner Selbstständigkeit in der Gastronomie, sehr oft umziehen. Kaum hatte ich eine Freundschaft geschlossen, wurde sie mir wieder entrissen. Also hatte ich, als ich ungefähr fünf Jahre alt war, als einzig positive Seite meines Lebens einen Vater, der—wenn er mal sehr selten vorbei kam—kleine Ausflüge mit mir unternahm. Er musste immer sehr viel arbeiten und hatte entsprechend wenig Zeit, sich um seine Kinder zu kümmern. Angefangen als Tellerwäscher, hätte er es fast zum Millionär gebracht und wollte uns, da er selbst ein Kriegskind war, wenigstens finanziell gut versorgt wissen. Meine Schwester war damals noch zu klein, um mit mir zu spielen oder um an den kurzen Ausflügen teil zu nehmen, die mein Vater mit mir machte. Ich glaube, das einzige, was mir zu dieser Zeit imponiert hat, waren Pferde. Wenn ich auf die Pferde auf einer Wiese zeigte, hielt mein Vater den Wagen an und nahm Zuckerwürfel aus seiner Tasche, die er stets in irgendwelchen Restaurants gesammelt hatte. Wir gaben dann den Pferden, die zum Zaun kamen, den Zucker. Bald darauf nahm mich eine Reiterin mit zu sich in den Sattel und das erste was ich dachte war: „Hier will ich nie wieder runter."

Ich hatte aufgrund des Verlustes der Mutter einen Klammer-Komplex und kaute, bevor ich mit 7 Jahren anfing meine Nägel zu beißen, auf meinem Schnuller herum. Mein Vater kaufte „stop and grow", eine Substanz die man auf die Nägel schmiert, welche unheimlich bitter schmeckt und davon abhalten sollte, weiter Nägel zu kauen. Ich lutschte das Zeug einfach ab und kaute munter weiter. Es ging einfach nicht ohne—es war eine selbst zerstörerische Sucht. Wenn dann Besuch kam, Nachbarn oder Kaffee-Tanten, wurde mir gesagt, ich solle mich in die Ecke stellen und schämen. Ich dachte dann immer, irgendetwas stimmt mit mir nicht. Trodz der grossen angst der grosseltern, ich wuerde nicht richtig schreiben oder sprechen koennen, war das erste wort das ich perfeckt aussprechen konnte das wort'schuetzengraben', denn das hoerte man jeden tag von meinem grossvater, es kam ihm jeden tag im laufe irgendeiner konversation ueber die lippen und so ueberhoerte ich es staendig.

ich , 6 jahre alt

Dann kam mein vater, welcher immer so einmal die woche vorbei schaute, eines tages mit so einer modernen, kinderwagen tasche ins haus, und er sagte zu meinen grosseltern nur' das ist die iris'. Es war mal wieder nur hecktisch und chaotisch. Mein opa motzte, meine oma, war schweissueberststroemt, und mir wurde nicht ein einziges mal auch nur im geringsten sinne verklickert oder schonend beigebracht, das ich eine schwester hatte, aber trodzdem geliebt wurde. An jenem tag fuehlte ich mich ganz schoen abgeschoben. und dann folgten immer wieder oft mit worten runtergemacht zu werden, und mir wurde von diesem sogenannten grossvater immer wieder nur eingetrichtert was denn meine mutter fuer ein miststueck war. enden tat dann das unglueck diesen mann in der familie gehabt zu haben mit seinem tod, so 1975 oder 76. ich kann mich an einen kalten grauen wintertag erinnern, und an einen hellen eichensarg der via deutsch und fein in ein grab mit seilen gelassen wurde. am abend war mein vater am krakelen, weil ich und iris im fernsehen 'die kleinen strolche' anschauten, und wir sollten dann den fernseher aus machen denn wir hatten zu trauern.

Als ich gerade in der zweiten Klasse war, folgte der erste Umzug und somit mein erster Schulwechsel. Meine frisch gewonnenen Kinderfreundschaften endeten abrupt. Im Großen und Ganzen habe ich eine sehr stille und einsame Kindheit durchlebt. In den Ferien, wenn andere von ihren tollen Urlauben mit den Eltern auf Korsika erzählten, mussten wir immer unsere Tante in der damaligen DDR besuchen. Mein Vater kaufte Unmengen an Kaffee, Schokolade, Klopapier und anderen Sachen, die es „drüben" nicht gab, packte das Auto voll und los ging es, über den Angst einflößenden Grenzübergang nach Gatersleben. Wir wurden gefilzt und böse angesehen von den Männern am grenzuebergang. Meine Tante und mein Onkel hatten ein großes Haus mit riesigem Garten, Tieren und einer Scheune, wo wir herrlich toben konnten. Gegenüber gab es den „Hahn". Das war eine mächtig, unbegrenzt erscheinende Wiese, auf der geritten wurde. Etwas versteckt dahinter war ein riesiger Pferdestall. Mein Lieblingspferd war ein schöner Fuchs Namens „Manta". Einmal sahen mein Vater und meine Schwester mir zu, und mein Vater sagte zu ihr, wie sie mir danach erzählte: „Guck mal, Ute reitet jetzt schon wie der Teufel". es stand dort ein alter ehemalig sehr aristokratischer gutshof, und oft traumte ich davon das mir dieses alte gut einens tages gehoerte.

Dort verbrachten wir viel Zeit und eigentlich war es schön, manchmal waren unsere beiden Cousins auch da. Und dann endlich, als ich acht Jahre alt war, durfte ich richtig anfangen zu reiten. Meine Schwester und ich wurden kurzum im Norddeutschen—und Flottbeker Reiterverein als jüngste Mitglieder angemeldet. Und dann ging es richtig los. Wir waren jeden Tag im Stall, nahmen zweimal pro Woche richtige Reitstunden. Die damalige Reitlehrerin, Frau Koch, war auch noch wirklich „alte Schule", da gab es weniger Spaß, nur sehr schnell ein ziemlich hartes Training. Einmal flog ich nach den ersten fünf Minuten heftig vom Pferd und knallte mit dem Arm gegen die Bande. Es tat so weh—aber an aufhören war nicht zu denken. Wieder rauf aufs Pferd und die Stunde zu Ende geritten. Erst einen Tag später brachte mein Vater mich zum Röntgen ins Krankenhaus. Der Arm war verstaucht. Aber wir waren gut und ritten schon schnell unsere ersten kleinen Kinderturniere, auch beim Deutschen Spring-, Dressur—und Fahrderby die Standarte, durften sogar den großen Springreitern wie Paul Schockemöhle und Ludger Beerbaum ihre gewonnenen Schleifen überreichen. Die Pokale durften wir nur mal kurz halten.

Während dieser Zeit bekam ich auch Klavierunterricht. aber klavier stunden interessierten mich nicht, denn ich wollte nur bei den vereins pferden sein . . . sie waren das einzige an gegenwart wo ich wohl eine gewisse geborenheit sah. Deshalb habe ich zu Hause dann erzählt, ich gehe zum Unterricht, obwohl ich mich heimlich mit Klassenkameraden verabredet und versteckt habe. Ich wollte nicht mehr, dass mir ständig einer von diesen Erwachsenen weh tat. Und so entstand meine erste Lüge.

Dann hatten wir alle, mein Vater, meine Großmutter, meine Schwester und ich—das erste Mal so etwas wie eine gemeinsame Wohnung. Mein Vater pachtete ein Hotel in Hamburg. und dann wiederum hasste ich die vielen wechsel und die umzieherei. Ich freute mich, weil ich dachte, dass er jetzt mehr Zeit für mich hatte. Wir hatten einen großen Garten, zwei Vögel, Kätzchen und einen Hund—und den Blick auf die Elbe. Damit gab mein vater oft an. Aber er hatte so viele Angestellte, musste sich ständig um jemand anderes oder etwas Wichtigeres kümmern. Doch mit meiner Schwester konnte ich wenigstens inzwischen an den wöchentlichen Ruhetagen in diesem riesigen Gebäude umherstreunen, durch die vielen Zimmer flitzen und auf dem gruseligen Dachboden spielen. Und der Garten kam uns fast vor wie ein Park. Aber wenn ich aus der Schule kam, war trotzdem niemand da, der fragte, ob ich Hausaufgaben auf oder gemacht hatte oder vielleicht Unterstützung dabei brauchte. So ging es los, mit den schlechten Noten.

Obwohl schon auf den Zeugnissen in der ersten und zweiten Klasse der Text stand: Ute braucht unbedingt Zuwendung und Unterstützung, wurde ein Zeugnis voller vieren dann nur mit: „Naja—geht doch" kommentiert. Meiner Schwester ging es nicht anders. Da kam mein Vater auf die Idee, uns in ein Internat zu stecken. Wir waren ja schließlich „schwer erziehbar". Ab ins Auto und auf ging die für uns unvorstellbare Reise. Unmöglich zu verstehen—wir hatten doch gar nichts Schlimmes gemacht. Ich hatte mich so gefreut, meinen Vater öfters um mich haben zu können, und jetzt wollte er mich loswerden? Das konnte doch gar nicht sein. Es war ja nur ein Informations—bzw. Anmeldebesuch. Aber ich glaube, in diesem riesigen Internat empfand ich fast mehr Angst vor Einsamkeit und nicht geliebt zu werden, als vor irgendeiner anderen misshandlung. Vorher wurde uns so oft gedroht: ihr kommt ins Heim. Also verbanden wir damit nichts Gutes und fingen an, immer mehr von zu Hause zu türmen . . . Schließlich waren wir inzwischen ja schon allmaehlich fast richtige Teenager . . . im allgemeinen glaube ich sowieso das meine schwester und ich die by produckte eines mannes, unscren vater gewesen sind, der selber nie wusste was seine position im leben war. Ob er ueberhaupt kinder wollte oder nicht . . . aber das ist wohl ein anderes thema. viele jahre spaeter hatte ich im amifernsehen mal waerend einer tollen predigt von joel osteen gehoert das eltern die wege fuer ihre kinder bahnen. und entweder sehr positiv oder negativ, ein depsosit machen . . . . und das einzige was ich weiss ist das mein deposit auf jeden fall nicht positiv war.

Mein Vater als wahrer Workaholic hatte keine Muße, uns eine richtige Förderung zu ermöglichen. Trotz der vielen Reitstunden waren wir uns immer selbst überlassen. Finanziell ging es uns gut, mein Vater steckte etliche hundert Tausende in den Betrieb, aber unser größter Wunsch, ein eigenes Pferd, wurde leider nicht erfüllt.

Dann lernte mein Vater eine Frau kennen, die auch schon eine Tochter hatte, circa anderthalb Jahre jünger als ich. Sie war eine gute Frau, trotzdem hatten meine Schwester und ich am Anfang natürlich Angst, dass sie ihn uns vielleicht ganz wegnimmt—wer will schon eine Stiefmutter? Stiefmütter sind doch, zumindest in den Märchen, immer ganz böse Menschen … Doris hat sich sehr bemüht, für uns da zu sein und eine kleine *Patchwork-Familie* zu basteln. Trotzdem hing eigentlich immer eine graue Wolke von einer Art Verdruss über uns. Mein vater hatte sich oft falsch ihr gegenueber benommen.

Mein Vater war durch die Ehe mit meiner Mutter so sehr verletzt und frustriert, und machte oft, wahrscheinlich fast unbewusst, ziemlich miese Bemerkungen über Frauen. Die arme Doris war dadurch natürlich traurig, ratlos und irgendwann auch negativ angehaucht. Aber sie hat gekämpft und wollte meinen Vater sogar heiraten, in der Hoffnung, dass damit vielleicht alles einfacher wird.

Leider kam dann die richtige Kriese, da mein Vater nie wieder heiraten wollte und letztlich den erlittenen Schiffbruch mit meiner Mutter nie verkraftet hatte. Es hat ihn so sehr verbittert, dass er Doris und ihre Tochter aus dem Haus jagte. Da waren wir auf einmal sehr traurig, weil Doris versucht hat sich um uns zu kümmern, wie sie es bei ihrer eigenen Tochter getan hat. Zuerst war es ungewohnt für uns, dass sie da war, und als wir uns daran gewöhnt hatten, war es wieder einfach vorbei. Aber dafür kam unsere eigene Jugend und der Wunsch, schnell erwachsen und unabhängig zu werden. Also wurden wir langsam richtig aufmüpfig. Es war nicht leicht, wenn schon als Kind immer die dummen verbote kamen. Und dann kamen auf einmal nur noch Verbote. Dann kam der anfang der achtziger jahre, und irgendwie wurde alles nur noch schlim. Mit meiner pupertaet, kamen tierische generationskonflickte auf, und mein vater fing an mich woertlich zu misshandeln denn er hatte wohl ein problem damit das ich mich in einen teenager verwandelte. als sei das alles mit der familienchronic die ich auf meinem kinderbuckel hatte, und der verlust der mutter und was weiss ich nicht schon reichlich viel zum tragen gewesen, bemerkte ich das aufeinmal aeltere jungs und maenner mich anders anschauten. das ganze, mit der zeitschrift, bravo' dazu, und einen lockenstab mit lippenstift fuehrte dann nur noch auf eins hinaus. es war so, meine grossmutter schrie'schminke ist was schlechtes, mein vater verwandelte sich in einen psychopaten, und ich neben den blonden lockenstaab locken, hatte mich noch in eine schwarze satin hose geklemmt, und rannte aus dem haus so schnell ich es konnte.

Ich war fünfzehn, als ich auf dem „Hamburger Dom"—einem riesigen Volksfest—bei den, Heißen Rädern" sozusagen hängen blieben. Dort waren die ganzen Gangs wie, unter anderem die Streetboys und Champs, die sich zwar auf eine gewisse Art duldeten, sich aber dennoch auch bekämpften. Damals herrschte dadurch auf den Straßen schon fast ein kriegsähnlicher Zustand.

Es war aufregend, da waren viele Jungs . . . ich fand schnell Kontakte zu vielen Leuten, fühlte mich aber zu den „bösen Buben" hingezogen und fand das „Spiel mit dem Feuer" ganz schnell sehr interessant. So kam es, dass ich anfing, ständig mit den Streetboys rumzuhängen. „Michael", einer der Anführer, hatte versucht mich „aufzureißen". Später erfuhr ich, dass Nico, Eik und Michael eine Münze um mich geworfen hatten, wem ich dann „gehören" sollte . . . das was mir heute noch ein raetzel ist war das es nirgends kontrollen gegen laeden gab wo nur minderjaehrige waren. eins der probleme schon damals war das die choose mit den sreetboys ein status ding war. Ich suchte schutz und fing hier und da an mich unsterblich in die schlimmsten immer so vier, fuenf jahre aelteren bengels zu verknallen, und da von meinem elternhaus kein schutz, oder aufklaerungen kamen, wurde ich immer mehr von meinem vater verfremdet. wenn ich heute daran denke wie jung ich war, und was fuer gefahren um mich herum waren, dann kommt mir fasst das erbrechen. und dann zu guter letzt wurde ich in dieser hoelle auch vom feuer verbrannt. ich sah immer die maedchen die in meinem alter waren oder aelter, wenn nur so ein paar jahre, die alle anschaffen gegangen sind. ich dachte natuerlich immer, so was koennte mir nie passieren', und dabei war ich wohl nichts anderes als eine seiltaenzerin. Ein balance akt ist es auf jeden fall gewesen mit so einem dreckvolk herum gehangen zu haben, und denn noch hatte mich der satansrachen des ungeheuers, kiez' nicht verschluckt. wenn ich heute hoer es haette sich dort alles total veraendert dann hilft das nicht. Denn mit suende ist es so. Wenn man den honig von einem scharfen messer ableckt, schneidet man sich dabei die zunge auf, und ohne es manchmal zu bemerken, blutet man auf einmal aus. Und so ist das mit suende, die wie honig sein kann, und ich glaube es sind damals ganz schoen viele ausgeblutet.

Wir fingen an, auf die „Piste" zu gehen. Man ging nie vor 24 Uhr los. Oft waren wir mit zehn Jungs der Streetboys unterwegs. Wir gingen ins „Café Schöne Aussichten", ins „Nach Acht", „Trinity" und das „Top Ten" auf dem Kiez. Nach einer Fete im Trinity war Eik wohl irgendwie scharf auf mich und sagte: Du kannst es doch auch mal mit mir machen. Ich war ganz verdattert, weil ja mit keinem etwas lief. Aber damit brüsteten sich die Jungs eben gerne. Wir sind durch diesen Umgang damals überall umsonst rein gekommen, immer, auch wenn die Läden schon komplett überfüllt waren und die „normal Sterblichen" draußen stehen mussten. Ich genoss eine Art Schutz, niemand hat uns da blöd angemacht, weil die meisten Angst vor den Streetboys hatten.

Meine jüngere Schwester hatte ich oft mit im Schlepptau. Sie sah mit ihrem jungen alter immer viel älter und reifer aus und ist mühelos in jede Diskothek oder jeden Film ab 18 gelangt.

Einmal fingen Nico und Eik im „Schöne Aussichten" aus Spaß an, eine Kuchenschlacht zu machen. Es war bloß ein Jungendstreich und alle, auch die dortigen Angestellten, mussten lachen, obwohl sie alles hinterher wegputzen mussten und auch Ärger mit dem Geschäftsführer bekamen. Natürlich wurden wir allesamt raus geschmissen. Am folgenden tag stand das ganze thatsaechlich in der bilzeitung.

Ein anderes Mal kam Nico auf die Idee sich zu fragen, wie viel Leute wohl in eine Telefonzelle passen., wir haben uns in diesem gelben Häuschen gestapelt und brachten es, mit einigen kleinen Wehwehchen und ziemlichen Bauchschmerzen vor Lachen, auf acht leute.

Es kamen die Diskotheken „Club 88" und „Sheila" auf dem Kiez als Ausgehclubs hinzu. Dort hingen auch die Mädchen der Streetboys rum, welche damals schon in sehr jungen Jahren anschaffen gingen. Die Mädels haben uns gehasst. Obwohl wir nicht wirklich dazu gehörten, waren sie eifersüchtig. Sie dachten wohl, wir hätten ein besseres Leben, weil wir uns nicht auf das Prostitutionsmilieu eingelassen haben, aber trotzdem beschützt waren. Vielleicht haben die Streetboy-Anführer auch gedacht, dass sie uns noch dazu überreden können. Wir sahen beide ziemlich gut aus und ganz sicher wurde in uns auch eine potentielle Geldquelle gesehen . . . Der ganze Kiez wirkte sich irgendwie pervers negativ auf die Jugend aus. Es gab Verschleppung von jungen Mädchen, durch Betäubungsmittel im Drink gefügig gemacht, dann weggeschlossen, solange, bis sie keinen Widerstand mehr leisteten. Eine gefährliche kleine Welt als Flucht von der Einsamkeit zu Hause . . . die meissten jedoch verliebten sich in einen typen und der konnte dann alles mit einer machen.

Ungefähr anderthalb Jahre später fingen die Streetboys an, sich auch gegenseitig zu bekämpfen—es ging bis hin zum Mord. Einmal, ich war noch fünfzehn Jahre alt und in der achten Klasse, kam ich morgens um acht nach einer durchzechten Nacht nach Hause. Mein Vater ist ausgeflippt—klar, er war ja auch krank und verrückt vor Sorge—aber anstatt sich mir und meiner Probleme anzunehmen, sagte er: Hat das Miststück schon wieder Haschisch geraucht.? Er wusste sich einfach nicht mehr zu helfen, es wuchs ihm mit seiner Arbeit, seinen vielen Angestellten und uns beiden Teenies einfach alles über den Kopf. Dann, immer noch fuenfzehn viel ich einem, sexuellen preditor' in die haende. er versprach mir immer das er mir zu einer, fotomodel karriere verhelfen konnte. Er war ein total wiederlicher typ, aber damals schien es so gewesen zu sein das so leute als, kifis', als kinderficker selbst bekannt waren, jedoch nie jemand was da gegen unternahm, oder so. es war nicht so wie heute. zur not war ich als minderjaehriges maedchen noch an allem schuld. in der schule war ich total abgesagt, aber das wurde ignoriert.

Ich lernte über die Streetboys eine andere Jugendgang, kennen und verknallte mich hier und da in einige Bandenmitglieder. Mit von der Partie waren, immer wieder gut aussehende typen. Auf viele wurde von vielen maedchen drauf abgefahren, und eben auch erging mir es so. Oft waren sie charmant und lustig. Und ich wusste nicht, wie mir geschah, als sich alle immer ziemlich schnell sehr veränderten. ihre stimmen wurden anders. Noch nicht brutal, aber unnachgiebig. Nichts von dem, was ich anfangs an den leuten mochte, war irgendwann noch da. Dann wurden sie richtig gemein, brutal und rücksichtslos, und wenn irgendetwas nicht so funktionierte wie sie es wollten, dann wurde losgeschlagen. Das war die mentalitat die immer schlimmer wurde. einer war wirklich ein sehr krankes Gift. Kein langsam einsetzendes schleichendes. Einer in den ich mich jahre lang verknallt hatte, hatte mich beklaut und wollte mich nur auf den Strich schicken. Ein perverser Mensch. Das wiederlichste Miststück von Mann, in den sich ein Mädchen verlieben konnte. Er war einfach von Natur aus so. Es hatte ja gar nichts mit meiner Person zu tun. Trotz der drohung von Schlägen und der psychischen Mißhandlungen konnte ich mich nur langsam von ihm lösen. gott sei dank hatte ich nie mit ihm gewohnt. im allgemeinen hatte ich eigentlich nie angefangen mit jemandem zu wohnen.

Anfangs hatte es mir imponiert, wie diese Bande von Bengeln im Alter zwischen siebzehn und neunzehn Jahren diverse Diskotheken und Geschäfte im Griff hatte und überall umsonst hinein kamen, auch wenn die Läden schon völlig überfüllt waren. Es sah nur aus wie ein harmloses Spiel. Es dauerte aber nicht lange, bis die Wahrheit dieses Spiels an die Oberfläche kam, und es bestand alles nur noch aus Brutalität, Blut und den Zuhältern alles nach zu machen. Zuhälter gab es überall, man musste dabei nicht auf so etwas wie der „Hamburger Reeperbahn" rumhängen. Überall sah man vor normalen Szeneläden und normalen Stadtteilen ihre schicken, aufgemotzten Flitzer stehen, das war ein Bestandteil des Lebens. Und dann, als ich etwas mehr mitkriegte was da abging, fühlte ich mich mehr und mehr unterdrückt. Und dann wusste ich das es so nicht mehr weiter ging.

An einem einem anderen, schlimmen Abend—mein Vater und ich steckten in einem besonders schlimmen Konflikt—war es kaum noch auszuhalten. Es war noch relativ früh, aber er war wohl genervt von allem und fing an, mir fürchterliche Gemeinheiten an den Kopf zu werfen. An diesem Abend schien er überhaupt nicht er selbst zu sein. Es war nicht so normal wie sonst. Er war sehr schlimm und vulgär. so war es oft im allgemeinen nur gewesen.

Er hatte mich unter anderem angeschrien, ich solle doch jetzt endlich von der Schule abgehen und als Nutte frei rumlaufen, ihm sei das alles scheissegal.

Das war nur eine seiner vielen Attacken seiner Tochter gegenüber.

Ich konnte nicht mehr. Ich konnte nur noch laufen, soweit weg wie möglich.

Dann bin ich einfach weg. Ich wusste nicht wohin, aber das war unwichtig, ich wollte nur nie wieder nach Haus.

Von einer Telefonzelle aus rief ich eine Bekannte an, die mit mir zur Polizei gegangen ist, und die hatten mir vorgeschlagen, in das Mädchenheim Schwanenwik zu gehen. Das tat ich dann. Eigentlich war es nicht schlecht dort. Überaschender Weise sogar relativ gut, weil dort ja nur Mädchen waren.

Allerdings auch nicht gerade die Kleinkaliber . . .

Es war keine Lösung auf Dauer, das war mir klar. So entschloß ich mich am nächsten Tag, doch wieder nach Haus zu gehen und an einer Endlösung zu arbeiten. Ich hätte mich ja nicht ewig verstecken können. aber im, longrun' gab es keine loesung. das sogenannte familien haus bestand fuer mich aus schund und asche.

Aber eines meiner schlimmsten und so richtig miesen Erlebnisse geschah in einer warmen Spätsommernacht an einem Freitag. Es war eine Zeit, in der ich total abgesackt war und nur noch von zu Hause weg wollte.

Ich war gerade auf dem Weg nach Hause und wartete am Gänsemarkt auf den Bus. Auf einmal rollte ein roter Porsche an und ein Typ, den ich im „Café Schöne Aussichten" kennen gelernt hatte, saß drin und fragte, was ich noch machen würde. Ich antwortete, dass ich nach Hause fahren wollte und fragte dann zurück, was er denn noch machen wollte. Er sagte, er wäre auf dem Weg zu einer Party und ob ich mitkommen wolle. als ich vor die wahl gestellt wurde auf die party zu gehen anstatt in dieses kaputte zuhaus entschied ich mich natuerlich fuer die fete, und rannte blind in den rachen des monsters hinein.

Ohne weiter zu überlegen, stieg ich sofort ein und dachte an nichts Schlimmes.

Nach einigen Minuten jedoch fing ich schon an mich unwohl zu fühlen und alles war mir auf einmal nicht mehr sympathisch. Irgendwann kamen wir dann bei der Fete an und es waren nur Typen aus Gangs dort, insbesondere die „Streetboys".

Nissim—der Porschefahrer—fragte mich dann, ob ich kurz mit ihm kommen wolle, nahm mich an die Hand und sagte 'Komm mit, ich zeig dir was'. Wir gingen in einen Keller und fingen an, rum zu machen. Als ich aufhören wollte, sagte er, ich solle mich nicht so dumm haben und dass ich ihm vertrauen könne.

In dieser Nacht war wirklich ER da Der Wolfsrachen in den ich blind hineingerannt bin. Und ich war das Lamm das ihm begegnet war. Es ging alles so verdammt schnell und war irgendwie so unwirklich. wie ein kranker rausch.

Und als es vorbei war, lagen wir kurz da und er fing an davon zu reden, dass ich es doch auch mal mit seinem Freund machen sollte. Er hörte und hörte nicht auf rum zu nerven. er war ein wiederlicher mensch mit wiederlichem karackter.

Irgendwann wurde ich dann aggressiv und sagte, dass er mich in Ruhe lassen solle. Es war Dunkelheit im Raum, aber dann, auf einmal hörte ich eine andere Stimme und es stellte sich als die Stimme des Typen der mit im Auto gesessen hatte heraus. Beide lachten dann und liefen die Treppen rauf und ich war eingeschlossen im Keller. Niemand hörte mein Klopfen und ich war total aufgelöst und im Schock.

Ich wusste sofort, dass ich von einer Minute zur anderen zum Gespött dieser ganzen Szene geworden war. Ich wollte darüber lachen. Es war ein Versuch von Galgenhumor. Er scheiterte kläglich. Das wird erst mal gegenwärtig bleiben.

Es war stockdunkel und ich zitterte, hatte das Gefühl gleich ohnmächtig zu werden. Mir war schlecht und ich überlegte, ob ich wohl in die nächste Ecke kotzen musste. Dann ertaste ich in der Dunkelheit ein Feuerzeug auf einem Tisch und zündete es es an. Ich sah einen Baseballschläger in der Ecke stehen, nahm ihn und wollte gerade die Tür einschlagen, als von der anderen Seite der Tür eine Stimme kam. Dann ging die Tür plötzlich auf. Es war der typ in dessen haus die fete statt gefunden hatte und er schaute mich ziemlich merkwürdig an.

Ich wunderte mich über meine innere Leere. Auf ihre Weise war sie vollkommen. Fast perfekt. Trotzdem fragte ich mich wieder, wie sich Menschen nur so widerlich und pervers benehmen können und schon kreiste alles wieder nur noch wild in meinem Kopf herum. Die Fragen und die Wut kamen wieder angerast. ich fuehlte lange nur noch schmach und gram.

Ich wurde ausgelacht und verhöhnt, und viele Monate, wenn nicht sogar Jahre, drehten sich die Gedanken von dem, was in dieser Nacht passiert war in meinem Kopf herum. Es war schlimm. es war eine emotionale total vergewaltigung gewesen, und ich hatte damit zu leben. Ich hatte nie jemanden, zu dem ich mal gehen konnte, um vielleicht darüber zu reden. Der größte Lacher war, dass ich erst danach herausgefunden hatte, wer Nissim überhaupt war. Er war nichts anderes als ein zwanzigjähriger Bengel von einer sehr reichen Familie. Er hatte diverse Brüder und Cousins, und alle „erstickten" in Kohle.

Nissim wollte sein eigenes Restaurant, Papi kaufte ihm eins oder pachtete ihm, was auch immer er wollte. Den roten Porsche hatte er ihm auch „in den Arsch geschoben". Er war auch ein bisschen „bekannt", weil er versucht hatte, sich im Musikgeschäft zu etablieren, jedoch ohne Erfolg.

Im Eifer des Gefechts—oder eher meiner großen Demütigung—hatte ich sogar heraus gefunden, dass er an dem Tag nach dieser miesen Nacht Udo Lindenberg angerufen hatte und ihm alles aus 'seiner' Sicht erzählt hatte.

Udo Lindenberg hatte ich 1981 durch eine damalige Schulfreundin die ein grosser Fan von ihm war, eigentlich nur flüchtig kennengelernt. Er hatte einmal versucht mit 'Nissim' etwas musikalisches zu produzieren. Aber das haute nicht hin, es war ein flop. Daher kannten die beiden sich. Und irgendwoher hatte Nissim wohl mit bekommen, dass Udo und ich uns fluechtig kannten.

Nissims Version des geschehenen beinhaltete, dass ich ein hergelaufenes Flittchen sei, zwar minderjährig, aber ich haette viele freunde von ihm immer nur veruckt gemacht und das ich mich ihm nur an den hals geworfen hatte. Aha. So war das also. Interessant.

Ob Udo denn im Falle eines Falles einen guten Anwalt kannte. Ich sei eben minderjährig und er hatte Angst, dass seine Entgleisung—um es mal milde auszudrücken—und somit diese riesige Demütigung, die er mir eingebrockt hatte, vielleicht doch noch Folgen haben würde.

Udo kannte die ganze Story aber schon—so wie viele andere auch—, und ich war nur noch ein am Pranger stehender Mensch.

Ich sackte jetzt langsam in der Schule so richtig ab, schrieb wieder nur noch Fünfen oder mal eine Sechs in Englisch. Die Lehrer demütigten mich weiter oder noch mehr, weil sie nicht mit mir redeten. Dann ging ich irgendwann wieder etwas seltener in die Schule. Diese teure Privatschule—wo es wohl auch nicht darauf ankam, ob ich denn da auch hingehe . . . Abgestempelt als eine sexuell aktive fünfzehnjährige Verbrecherin und demzufolge nichts würdig.

Wo sollte ich denn bloß hin? Das Zuhause bestand ja überwiegend nur noch aus meiner Schwester und meiner Großmutter, die allmählich immer schneller immer schwächer wurde. das merkwuerdige war oft gewesen das mein vater sich selbst meinen lehrern gegenueber als opfer aus lieferte, denn die schule hatte schon fragen an ihn gestellt aufgrund der schlechten noten und gelegendlicher schwaenzerei. es war also eine total hoffnungslose zeruttete situation die sich auch nie veraenderte. Schon garnicht zum positiven. manchmal ging ich auch breit in die schule, mich selber vollgestopft mit valium das ich hier und dort von leuten geklaut hatte.

In diesem Sommer ging meine Großmutter in ein Krankenhaus wegen einer Nierenstein-Angelegenheit und wollte sich operieren lassen. Aber sie kam nie wieder raus. Sie wurde operiert und durch Ärztepfusch und Ignoranz nie wieder gesund. Sie starb nach langem Leid am letzten Tag des Jahres 1983. Meine Schwester betrank sich, gerade dreizehn Jahre alt geworden, das erste Mal bei der Beerdigung. Sie fand Alkohol dann auch weiter ganz gut, und der komentar der von meinem vater dann folgte was sie und dem vorfall mit dem alk anging war' iris trinkt gern einen.'um mit allem fertig zu werden, nahm ich Valium ... Mein Vater verlor bei all dem allen fast seinen Verstand, weil er um sein geschaeft betrogen worden war. und thatsache war gewesen das er nie fitt war ein elternteil zu sein.

So konnte ich irgendwann gar nicht mehr verarbeiten was los war.

Nicht einmal wurde ich aufgeklärt oder in den Arm genommen. Nicht einmal wurde mir als junge, hübsche Frau etwas über Misshandlung, Abarten oder andere Gefahren, die da noch alle auf mich lauerten, erzählt. von ersten sexuellen erlebnissen die alle krank gewesen waren, ueber so vieles andere, hatte ich alles zu verarbeiten, nur ging das nicht mal eben so.

Nach der Beerdigung meiner oma sagte mein Vater zu mir, ich könne machen, was ich wollte, ich sei schließlich fasst schon siebzehn und somit 'Erwachsen'.

Meine Schwester als Dreizehnjährige sah er wohl auch als Erwachsene, denn niemand kümmerte sich um sie. Oder um den Schock, den sie nun durch diesen gewaltigen Verlust der Oma erlebt hatte.

Langsam veränderte sich mein Bewusstsein. In was für einer Szene bewegten wir uns denn da überhaupt? Gefährlich. Nicht mehr schön oder aufregend. Das war die neue Gewissheit, dass ich schnell da weg musste. ich traumte oft von einer anderen welt. Und von unabhangig keit. ich dachte oft das es irgend wo eine bessere welt geben musste.

KAPITEL 2

Der wettbewerb

Immer noch fünfzehn Jahre alt, fing ich an von Glück und Erfolg zu träumen. Ich war so sehr von den hübschen Fotomodellen in den glänzenden Zeitschriften beeindruckt, und erzählte schon ich sei auch ein Model, als ich noch gar keins war. Dann, als die Bildzeitung in Hamburg die schönste Hamburgerin suchte, bewarb ich mich und landete—immerhin als „dritt schönste"—in der oberen Liga. und das alles kurz nach meinem sechzehnten geburtstag. Damit hatte ich eine Reise nach San Francisco gewonnen, das gab mir erst mal ein ganz gutes Selbstbewusstsein.

Ich kann mich noch an die Nacht erinnern, in der dieser Wettbewerb im Interconti war. es war am ende eines sommers und zum ersten mal summte das klicken der kameras in meinen ohren und ich fuehlte mich als sei ich etwas wert. Einer der Veranstalter war ein totaler Schleimi und ich hatte das Gefühl, dass er mit dem Mädchen, das auf Platz eins landete, im Bett gewesen war. Er sah mich so komisch an und grinste, und es kam immer wieder die Bemerkung: Du hast wirklich Glück gehabt. Sehr aufgeregt fuhr ich zum Flughafen und setzte mich in das Flugzeug. Denn ich hatte eine reise gewonnen . . .

Die Reise nach San Francisco war unerträglich lang aber direkt nach der Ankunft sehr imponierend. Ein Flash. ich war natuerlich wie die meisten menschen von den staaten sehr beeindruckt. Was fuer ein tolles komerzielles schlaraffenland, und die stadt frisco hatte morgens immer so einen rosaroten dunstschleier ueber sich liegen. So kam es mir zu mindest vor wenn ich aus dem fenster des ca. 23 stock des, holiday inn hotels schaute.

San Francisco hatte mich schon fasziniert. Waerend der woche dort war alles was ich bis dahin schon an total negativen erlebt hatte in sehr weite ferne geruckt. Der tod der mutti, die in wirklichkeit ja die grossmutter war und alles was ich bis dahin an miesem von irgendwelchen typen eingesteckt hatte war irgend wie in eine andere ebene gelandet, und ich glaubte und sah ja mit eigenen augen das die welt ein unglaublich grosser platz war.

Es hatte schon ein kleines bisschen, fast etwas Schlaraffenland artiges an sich.

Gerade in Kalifornien am Anfang der achtziger Jahre. Das war mein erster Besuch auf einem anderen Kontinent. Ein paar Tage zum ausruhen und schnuppern. Und schon kurze Zeit später folgte wieder der Rückflug, auch diesmal unglaublich lang.

Nachdem ich also also als dritt schönste Hamburgerin auf dem „Siegestreppchen" stand, wurde ich direkt von einem wesentlich älteren Mann angesprochen, welcher in den siebziger Jahren das Mädchen-Duo „Baccara" produziert hatte. Er war ungefähr schon das, was man einen alten knacker nannte. Die grauen haare waren von fast schneeigem Weiß; Nase, Brauenbögen und Kinn erinnerten an scharfe Felsformationen. Seine wachen Augen, die in die Welt hinaus blickten, hatten das verwaschene Blau tief liegender Eisschichten, deren seidiger Schimmer ihnen paradoxerweise fasst einen Anschein von Wärme verlieh. Er war groß, ernst, elegant und gepflegt und hätte, kurz gesagt, vom Alter her mindestens mein Vater sein können. Trotzdem traf ich mich ein paar mal mit ihm, sah aber sofort das er ein ausnuetzer war und dann war ich von ihm total angeekelt. Soviel Erfahrung hatte ich zwar noch nicht, aber ich musste mir einen Mann selbst aussuchen können, und auch mehr als richtig gut finden, und war insofern unbestechlich. Obwohl es wohl immer Mädchen in so jungen Jahren mit älteren einfach gemacht hätten, damit sie auch wirklich groß raus kommen, habe ich mich total geweigert. Wir waren zusammen auf einer Veranstaltung wieder im hamburger Interconti, als die Luft zwischen uns beiden deshalb schon ziemlich dick war. er versuchte mir thatsaechlich einzu reden das es notwendig war mit ihm, oder einflussreichen zu pennen, um irgendwas im entertainment geschaeft auf die beine zu stellen, und das, alle das machten. Es war ganz schoen uebel. Dann, endlich, nach den vielen schlechten Gefühlen und Schwingungen, sprach er es aus: „Wenn Du mir mir ins Bett gehst, kann ich auch etwas für dich tun und du kommst ganz groß raus . . ." Damit konnte ich nun wirklich nichts anfangen. Ich blieb mir treu und lehnte ab. Das konnte es ja wohl so nicht sein. So war dies der letzte Abend, den ich mit meinem neuen, vermeintlichen Manager verbrachte. Ja, er hat mich wirklich unterstützt, denn in der kurzen Zeit mit ihm passierte rein gar nichts.

Also war ich an diesem letzten Abend schon fast auf dem Weg zum Ausgang, als ich plötzlich von einer Frau, ihr Name ist Sonja Eckval—die Besitzerin der Agentur model team—angesprochen wurde, und so nahm dann alles weitere seinen Lauf. Nachdem ich mich mit Sonja in ihrer Agentur getroffen hatte, wurde mir gesagt ich müsse erst mal ordentlich abnehmen. Das zog ich dann sehr schnell durch, und hungerte mich innerhalb von sechs Wochen, mit Ananas, Reis und gedünstetem gemuese, bei einer Körpergröße von 1, 74 Meter auf fünfzig Kilo runter. Aufgrund des rapiden Nahrungsmangel in dieser kurzen Zeit, klappte ich mehrfach um, aber hungerte fleißig weiter. Im Badezimmer betrachtete ich nachdenklich mein Spiegelbild. Ein dürres Gerippe auf einem kleinen Gummihocker. Und in diesem Moment traf ich eine Entscheidung. Solange ich angezogen war, gab es nichts, das mich verriet. Denn niemand wusste wie es in mir aussieht, man konnte mich ansehen und sagen, dass ich normal war. Ich konnte genauso sexy sein wie alle anderen. Oder all jene die ich mal irgend wo in einer glaenzenden mode zeitung bewundert hatte.

Mit diesem Untergewicht sollte ich nun also den Anforderungen für das Model Geschäft gewachsen sein. Im Januar 1984 wurde ich somit von Sonja in ihre Agentur aufgenommen und ich glaubte, sofort alles erreichen zu können was ich mir vorgestellt hatte. Meine ersten Jobs waren für Frisuren von Karl Lagerfeld, der zeitschrift brigitte und manchmal auch Modeaufnahmen für kataloge, Petra, Für Sie, und andere Frauenzeitschriften und noch mehr kataloge. Aber ich war irgendwie nicht das nette Mädchen von nebenan, war viel ernster und hatte einfach nicht alles hingenommen, was man versuchte mit mir zu machen und. man musste wie ein harmloses madel wirken, aber ich glaube um die perfekte unbeschwerliche ausstrahlung gehabt zu haben hatte ich schon zu viel erlebt. Im Gegensatz zu einigen anderen, die sofort ihren Körper verkauften. Mit einigen Fotografen klickte ich auch einfach nicht. Die Antwort sah ich oft in den Augen, bevor überhaupt ein Wort gesprochen wurde. Manche würden sagen, das ist normal. Dass wir uns alle unter das Mikroskop unserer Selbstbetrachtung legen und uns auf die Fehler konzentrieren. Wunderhübsche Frauen schaffen sich Ärger—und Sorgen falten, weil sie genau danach suchen. Teenager mit wunderschönen Augen und Figuren, für die manch einer sterben würde, weinen, weil ihr Haar die falsche Farbe hat oder weil sie glauben, ihre Nase sei zu groß. Diesen Preis zahlen wir, weil wir uns durch die Augen anderer richten, einer der Flüche der menschlichen Rasse. Und ich bin damit einverstanden, aber trotzdem fällt es mir schwer. Ich fühlte oft eine überwältigende Leere in mich hineinströmen, wenn ich daran denke. Sie ist riesig, dunkel und absolut empfindungslos. Es ist, als würde man in ein betäubendes Gelee sinken. Eigentlich keine große Sache, ich bin schon fast daran gewöhnt. So ist das Leben eben. Ich habe schon immer meine Meinung in der Öffentlichkeit vertreten, und daher genoss ich bei vielen meiner Standeskolleginnen und auch dem Rest der Gesellschaft nicht unbedingt den besten Ruf. Die Wahrheit schmerzt. Trotzdem bin ich ebenso verwirrt wie interessiert. Ich erwärmte mich an schönen Gedanken und heimlichem Humor. Ich nehme mir meine Lacher, wo ich sie kriegen kann.

Doch dies ist kein Ort, wo ich momentan hingehöre. Ich habe nur das Gefühl, ständig abgeschätzt zu werden . . . Ich bemerke mein Spiegelbild im Glas der Eingangstüren und winde mich innerlich. Ich komme rein und es gelingt mir, den Blick zu heben und ihn anzusehen—ihn, irgendeinen Fotografen—ich frage mich, ob er sich über mich lustig macht . . . Ich hasse es, weil ich denke, dass hinter dieser Tür das Leben liegt. Werden sie mich akzeptieren? Ich sehe das selbstgefällige Lächeln, es ist gar nicht richtig da. Verdammt. Ich müsste nichts weiter tun als auf dem Absatz kehrt zu machen und zu rennen. Rennen und rennen und rennen, bis die Schuhe nass sind vom Schweiß und nach Hause gehen und in der Dunkelheit vor mich hin kichern, ohne Grund weinen und über die Freundlichkeit oder die Feindseligkeit der Menschen nachdenken. Der Gedanke gefällt mir. Ich möchte die Sicherheit meines Schmerzes und meines Alleinseins. Ich will in Ruhe gelassen werden, damit ich schon jetzt weiter den Verstand verlieren kann.

In Memory of Pascal
R.I.P.

Denn um viele Jobs zu bekommen, mussten einen die arbeitenden Fotografen einfach nur mögen, sowie die Mitarbeiterinnen irgendwelcher zeitungs-Redaktionen, sonst lief es nicht. Wem ich immer wieder nicht traute, war Sonja. Fast hatte ich schon eine gewisse Angst vor ihr. Sie war einfach eine kalte und falsche Person. Ich fühle mich nicht stark. Ich fühle mich schwach. Ein tiefer Atemzug und ich gehe durch die Tür. Ich sehe ihn an, er sieht zurück. Die meiste Zeit funktioniert es, wenn ich zu mir selbst rede. Dann fühle ich mich ein Stückchen besser. Neue Mädchen kommen von überall her, aus den USA, aus Frankreich, aus Schweden—und sie sind aus welchen Gründen auch immer, meistens interessanter als wir deutschen Modells. Die Durchschnitts-Mädchen gingen meistens sofort mit Fotografen oder Visagisten in die Kiste, dann wurde das „Buch" gemacht und erst danach kamen auch die Jobs. Sonja, selber eine Schwedin, förderte entsprechend erstmal ihre schwedischen Modelle, sie war da einfach sehr national.

Aber, dann im Mai 1995 sollte und wollte ich nach Paris. Als ich aber in der Pariser Agentur „Paris-Planning" ankam, waren der Besitzer Gerald und ich uns leider total unsympathisch. Er hatte wohl schon gehört, dass ich eine eigene Meinung hatte und somit ein harter Brocken war. In dieser Agentur wurde zum Beispiel Linda Evangelista gefördert und somit zum Super-Modell gemacht. als ich aus paris dann zurueck nach modelteam kam beleidigte mich die eckval und beschimpfte mich als 'dumme nuss'. gerald, der damals viel power in der pariser agentur szene hatte kam mir nur wie ein total ekliger grauer schleimball vor, nichts anderes. Es war mir ein totales raetzel wie eine tussie mit ihm ins bett gehen konnte. und wie sich die models reihenweise fuer ihn hinlegten. alle die es immer mit ihm gemacht hatten, hatten innerhalb von kuerze ein tolles buch und viele jobs.

Jahre später noch kam mir auf Umwegen zu Ohren, wie andere Pariser Agenten sich darüber lustig machten, wie models sich in Geralds Haus in Saint-Tropez tagelang auf den Rücken legten. Das war also die Welt des Erfolges und der schönen und reichen. Ich sollte sie noch zur Genüge kennen lernen. Ganz Paris war mir zu diesem Zeitpunkt irgendwie unsympathisch. Die Stadt erschien mir zu stressig, schmutzig, und die Mitbewohner kamen mir wie Manipulanten vor. Vom Taxifahrer zum Kellner schienen alle immer nur ein Spiel zu spielen. Gerald blätterte damals schnell durch meine Mappe, faselte etwas auf französisch, wobei ich nur durch den Tonfall darauf kam, dass es wohl nichts gutes war. Wie in den meisten ausländischen Agenturen saß dort eine deutsche Bookerin rum, die der französischen Sprache natürlich mächtiger war als ich. Ich sah dann nur die blöden Blicke der gesamten Truppe, wohl wegen dem, was möchte gern Guru Gerald grad erzählt hatte. Die deutsche Bookerin rief darauf hin sofort bei model team in Hamburg an, und es wurde geredet, als gäbe es mich nicht. Mir wurde sogar gesagt, ich solle in einen anderen Raum gehen. Als sei ich kein Mensch, sondern nur ein kleines Fleischstückchen. oder ein kompletter idiot, oder so. Mir wurde dann angeblich etwas erklärt, was wohl eine Ablehnung für die gesamte Agentur

Paris-Planning war. Mein Selbstbewusstsein war somit erstmal mächtig unterirdisch unterwegs. Auf einmal waren meine aufgeregten, guten Gefühle zerplatz und ich empfand Paris nur noch als eine riesengroße, schmutzige und streßvolle Stadt. Um 6 Uhr morgens stehe ich auf dem Balkon und sehe zu, wie die französische Nacht die Regentropfen abschüttelt und sich klärt. Das dunkle Schwarz verblasst sehr langsam, aber ein leiser Luftzug kommt durch die offene Tür herein und vertreibt die stickige Luft mit einer unverhofften Frische. Aber was soll ich noch hier? Es hätte zwar noch so viele andere Agenturen gegeben, bei denen ich mich hätte vorstellen können, wo es vielleicht über Sympathie und Menschlichkeit hätte klappen können. Aber ich wurde schnell zurück gepfiffen wie ein Hund, und sollte wieder nach Hamburg kommen. Und ich wollte dann auch wieder zurück und fuhr sofort los. Zu allem Übel wurde mir im Zug meine Mappe geklaut, bei welcher die Herstellung nicht nur Geld, sondern auch mächtig Nerven und Schweiß kostete. Futsch, die ganzen Bilder, einfach futsch. Schlecht gelaunt fing ich an, wieder eine Mappe zu erstellen. Während Sonja Eckvall mich noch oft als 'dumme Nuss' beleidigte, als ich frisch aus Paris zurück war. beruflich war das fuer mich der erste sehr grosse schicksahlsschlag, von dem ich mich nicht so schnell erhohlte.

Somit wurde ich nach schon einigen Monaten nicht mehr gefördert, mir wurde gesagt, ich solle mal nach Mailand gehen.

Auf zur Mafia. Also setzte ich mich prompt in den Zug, fühlte mich aber trotz großer Aufregung gar nicht gut. Es war mein erster längerer Auslandsaufenthalt, ich war drei Monate vorher siebzehn Jahre alt geworden.

Meine erste Nacht war ich in einer Pension, in der es auf einmal an die Tür klopfte. Als ich auf machte, stand James vor mir, ein Amerikaner der für den damals bekannten Aristokraten Umberto Caproni neues Fleisch besorgte. Ich erhielt eine Einladung zum Abendessen und damit begann der erträumte Jetset. Caproni sprach gut deutsch, italienisch, englisch und französisch. Er besaß ein riesiges Schloss an der Schweizer/italienischen Grenze mit einem tollen Park. Dorthin hat er mich oft eingeladen und konnte nie begreifen, warum ich nicht mit ihm ins Bett ging. Er hat sich seit den 60er Jahren mit fast jedem Modell oder Top-Modell abgegeben und ließ mich sogar in seinem weißen Porsche fahren, nur ich war siebzehn und er siebenundvierzig. Er kannte viele Aristokraten und Rockstars aus der ganzen Welt.

In den folgenden Wochen und Monaten traf ich viele Deutsche, lebte in WG`s mit den amerikanischen Models, feierte viele parties, denn das war sowieso in mailand nur angesagt. es war alles gradezu ein totaler fleischmarkt, und dann, als der sommer zu ende ging fuhr ich mit einer freundin die auch aus hamburg kam zurueck nach haus. Sie hatte ein auto und es ging zurueck in den norden . . . und ich glaub ich war noch nie so froh gewesen wieder zu hause zu sein. das andere maedchen hiess, natalie'.

Aber ich war immer noch ich selbst geblieben, hatte nicht einen Mann in der Branche kennen gelernt, den ich wollte oder richtig gut fand. Ich lief zwar noch einigen Hamburger Szene-Typen hinterher, aber sonst war da rein gar nichts. Kaum war ich zurück in Hamburg, lief es bei model team auch erst mal nicht mehr. Mir wurden einfach keine Jobs gegeben, und sonja eckval und ihre lahme booker gruppe schien das so zu wollen.

Ich hatte keine Lust, zu irgendwelchen shootings zu rennen und mich mit nervigen Fotografen abzugeben. Warum sollte ich auch?es war oft sowieso immer das gleiche scenario, die von irgendeiner redaktion, welche nur, die brave tussie von nebenan fuer ihre harmlose modezeitschrift recruiten wollte, stand eben nicht auf mich weil ich mehr persoenlichkeit fuer die kamera ausstrahlte. Alles lief doch soweit gut. Ich wollte lieber ausschlafen und gut aussehen und fit sein für die nächste Party, der Spaßfaktor sollte schließlich nicht zu kurz kommen.

Zurück in Hamburg angekommen, feuerte mich Sonja und zum ersten mal kam es mir so vor, dass das wahre Gesicht der Branche unter dem immer falschen Grinsen von Sonja zum ersten mal zum Vorschein kam, und das war eine Schattenseite.

Erst einige weitere Monate nach der Niederlage mit Sonja hatte ich endlich eine viel bessere Agentur gefunden. bis zu dem zeitpunkt mit der neuen agentur, hatte mich die hamburger piste wieder mal verschlungen. Und dann durch einen'typen namens renato', der auch designer war fand ich eine nette agentur die mich aufnahm.

Es dauerte ziemlich lange, aber meine neue Mappe wurde besser als die erste und so waren die Wochen und Monate in Deutschland danach voller Arbeit. Genauso hatte ich es mir vorgestellt. Alle waren freundlich und ich verdiente ganz gutes Geld.

Aber das war doch noch nicht alles, sagte ich mir und so wurde beschlossen, dass ich mein Glück in Tokio versuchen sollte. Denn agenten aus anderen laendern kamen auch in die agenturen um models fuer agenturen im ausland zu bekommen. damals war es eine agentur die, joschie' hiess aus tokio.

Also auf ging es über Russland mit Stop in Moskau ab nach Japan.

Trotz der erneuten Aufregung und des frohen Mutes machte ich mir unendlich viele Gedanken während des langen Fluges. Ich versuchte es zumindest, denn ich hatte schon wieder das Gefühl nicht klar denken zu können.

Ich konnte tatsächlich schon nicht mehr klar nachdenken, weil das Hirn und alle Synapsen vom „Nichts", von einem Vakuum eingenommen waren.

Ich rede nicht von Verzweiflung oder anderen pathetischen Gefühlen, die angesichts einer solchen „Kleinigkeit"—wie ich meine Vergangenheit inzwischen schon heimlich getauft hatte—wohl mehr als übertrieben wären. Ich rede von Verwirrung und ein bisschen Trübsal.

Von einigen Momenten in denen man in Watte gepackt ist, alles dumpf erscheint und man eigentlich nicht mehr zuhört.

Von Momenten vor dem Spiegel in denen ich mich fragte, wohin der Glanz meiner eigenen Augen und der frohe Mut langsam verschwinden.

Von Nächten oder Abenden in denen ich körperliche Schmerzen spüre, in denen ich nicht einmal weinen kann. Weil ich etwas nicht fassen kann.

Stunden in denen ich wissen müsste, was mir bisher schon geschehen ist, es aber nicht glauben kann. so kam mir der flug vor.

Mein Kopf und vor allem mein Herz weigerten sich ganz einfach diese Tatsachen aufzunehmen. Ich bestand leider nicht aus Schubladen und konnte nicht einfach nicht alles wegpacken, sondern ich erfasste vieles einfach nicht.

Mir ging es manchmal früher in der Schule schon ähnlich. Ein völlig abstrakter Tatbestand. Ich spreche auch von Nächten ohne Schlaf in denen ich zwar traurig und unmotiviert bin, in denen ich aber auch irgendwo tief in mir spüre, dass es nicht für die Ewigkeit so sein wird.

Ich spreche vom Leben. Dieses ist meist bunt und schnell Es rast vorbei. Die Zeit rennt. Aber manchmal ist auch dieses Leben klein und traurig. Manchmal befindet sich im eigenen Kopf nur Gummimasse und Nebel.

Obwohl ich inzwischen schon fast neunzehn Jahre alt war, fühlte ich mich aber einem emotionalen Total-Ausfall sehr nah,. Was sollte ich denn jetzt schon wieder in Tokio? Eigentlich wollte ich doch zu Hause sein. Aber ich machte mich brav auf den Weg. Als ich endlich am sehr modernen, großen Narita flughafen ankam, wurde ich mit einem wagen abgehohlt. Vorbei an riesigen Reisfeldern, Armut und auch Büorvierteln. Tokio ist so unwahrscheinlich riesig groß und so teuer, dass von dem, was ich dort so verdiente, fast gar nichts übrig blieb. Es kam vor, dass ich für einen Liter Mineralwasser, ungelogen, 8, 50 DM gezahlt habe. Und Äpfel, welche dort ganz speziell angebaut werden, sind unvorstellbar teuer, bis zu fasst 10 DM ein Apfel. Die Japaner, das muss man sich mal vorstellen, wohnen zu viert durchschnittlich auf 25qm Wohnfläche! Als ich am *Roppongi Crossing* ankam, kämpfte sich das auto weiter zu der Agentur durch, und uns Models ging es mit den Wohnverhältnissen nicht anders als den Japanern. Wir lebten zu acht in zwei Zimmern, auf insgesamt fünfzig Quadratmetern. Wir beschwerten uns bei der agentur, und dann wurde, grosszuegiger aufgeteilt und wir waren in der wohnung dann zu viert. Trotz vieler Modell-Buchungen hatte ich in Japan kaum Geld verdient, die

Agenten zogen mir fast alles für das Appartement ab. Wir irrten in einem
wagen mit schauffer dessen job es war uns zu unseren go n see apointments
zu fahren oft Stundenlang durch Tokio und ich bestaunte die wie Glasgebirge
aufragenden Wolkenkratzer, die Reklamewände für Zigaretten und Alkohol,
die blechernen, mechanischen Stimmen, die mich von allen Seiten beschallten
und in mir die Bilder von Irrenanstalten hoch oben im Himmel wachriefen.
zur damaligen zeit kamen models umsonst in zwei verschiedene nachtclubs am
stadtteil, ropongi' rein. meistens hing eine clique die sich mittlerweile geformt
hatte und aus diversen amerikanischen maedels bestand und drei kanadiern *n
einem niteclub nahmens, vietties herum. der club war im 35 stock eines hochhauses
und ich war dort gern. alle schienen nach einer weile ziehmlich entauscht von ihrem
japan aufenthalt gewesen zu sein.* viele, models hatten aber nur hier und da mal
einen Job gemacht, weil ständig Dauerparties und Discotheken angesagt waren.
ich war zum teil gefragt, weil ich blond mit blauen augen eine marktluecke
einfuellte. Es war zwar mächtig und aufregend, aber so furchtbar eng. Also
flog ich nach zwei Monaten, maerz 1985, wieder zurück nach Hamburg und
fing dort sofort wieder an, gut mit meiner neuen Bookerin Doris zu arbeiten.
Es lief einfach gut. dann kam der vereiste jahreswechsel in hamburg, und kurz
nach meinem neunzehnten geburtstag rief doris morgens an und fragte mich
aufregend ob mir die andere bookerin denn schon von meinem ;tollen; job am
darauf folgenden Dienstag erzaehlt haette. Ich wusste von garnichts und sie
verklickerte mir dann aufgeregt das dolph lundgren der mann von, grace jones'
nach hamburg kommen wuerde fuer einen fototermin um den film Rocky
5 zu promoten, und das ich von der zeitschrift funk uhr gebucht gewesen
war um beim promo fotografieren dabei zu sein . . . auf jeden fall war ich
dann auch ganz schoen happy und aufgeregt. und dann kam der langersehnte
tag und alles ging ganz schnell. der fototermin verlief normal und dann kam
ich mit dolph natuerlich ins reden und wir verabredeten uns fuer den abend.
Dann am spaetnachmittag fing hamburg an im schnee zu versinken und am
abend so gegen 22 uhr rief er an und ich stappfte ins interconti, denn dort
hielt er sich auf. komischer weise lief viel schicksahl immer wieder im hotel
interconti ab. Dann nahm alles seinen gang. das erste mal, so empfand ich es
war es kein spiel mit dem feuer begehrt zu werden und in diesem fall von einen
mann der zur zeit von frauen auf der ganzen welt nur angehimmelt wurde. und
ich empfand es als reichlich aufregend das ich diesen mann in meinen armen
hatte, und das objekt seines begehrens sein konnte, und es gab mir das gefuehl
das ich alles was ich mir in den kopf setzte erreichen konnte. als er mich die
ganze nacht in seinen armen hielt, und ich ihm beim schlafen zu schaute, und
ich selber in der nacht vieleicht zwei stunden schlaf hatte, fuehlte ich mich wie
etwas besonderes und ich fuehlte sicherheit die ich sonst nie hatte, und wie
es so sein musste kam dann der naechste morgen, und der schnee draussen

machte das licht noch greller. Wie eine totale blendung. Wir hatten zusammen gefruehstuckt, und dann gingen wir beide nach draussen und verabschiedeten uns. Als wir aus dem fahrstuhl kamen, wartete dort ein ganzes team von tanten und einigen presse typen, und ich kann mich an einige gift blicke von denen erinnern und dann begleitete er mich noch nach draussen und der moment des abschieds war da. trodzdem war ich in den tagen und wochen danach auf einem emotioalem, high' dann kam der sommer 1986 und ich hatte viele auftraege, verdiente sehr gut, und die naechte bestanden aus szenelaeden, und die tage aus fotojobs, gross oder klein, und andauernd war irgend was und es war toll.

Eines Abends ging ich gelangweilt auf eine Party in Pöseldorf. Rod Stewart war auf Deutschland-Tournee und hing da auch eher ziemlich gelangweilt rum. er hatte mich bemerkt und als ich ging schickte er mir seinen manager, einen fetten typen der, don' hiess hinterher, um die formalitaeten mit welchen rod sich nicht befassen wollte zu erledigen welche daraus bestanden meinen nahmen zu erfragen, meine nummer zu notieren und mich zu fragen wann ich zeit haette . . . es war schon mal etwas ganz anderes das es zwischen mir und einem mann der interesse an mir hatte also quasi einen
Mittelman gab. am naechsten tag wurde ich thatsaechlich angerufen und dann wurde eine woche darauf wieder geheim ohne das die presse davon wusste, getroffen, denn ich hatte gesagt ich wuerde ihn lieber in hamburg treffen wollen, wegen meiner jobs. also wurde nach hamburg gekommen. Ich wurde sogar gefragt ob ich nach paris eingeflogen werden wollte. dann trafen wir uns im Ramada Hotel. Rod war sehr interessiert an mir. Er schien vom Charakter her ein sehr ehrlicher und großzügiger Typ zu sein. Wir trafen uns, so oft es die Freizeit zuließ. Ich erinnere mich an viele Dinners, einige Nightclubs und im Tourbus mit der ganzen Band rumgeblödelt zu haben . . . das war als er mich zu einen konzert nach schweden hat einfliegen lassen. Es gab sehr viele Gespräche, und dann, einmal, nach einem kurzen Besuch einer leeren Hotelhalle um 2 Uhr morgens, weil es ja so spät oder früh war, befanden er und ich uns auf einmal in einem Ballsaal voller Orchideen, und keiner Menschenseele weit und breit. Wir sahen uns an. Ich spürte geradezu, wie jeder von uns in Gedanken schnell seinen eigenen Film durchspielt. Er sieht mich weiterhin an. Er scheint nach irgendetwas in meinen Augen zu suchen. Ich vermag nicht zu erkennen, ob er es findet oder nicht. Aber er nickt. Dann streckt er die Hand aus und ergreift die meine. Ich warte, wir küssen uns, doch das ist alles was er tut. In dem Moment hatte ich das Gefühl, dass mir nie wieder etwas schlechtes passieren könne. Endlich fühlte ich mich gut aufgehoben und geborgen. Es gab eine kontinuierliche Entwicklung von etwas schönem, dass sich einfach nur gut anfühlte. Aber der Schein kann schon

täuschen, und manchmal ist Geborgenheit eben doch keine Geborgenheit. Und dann begreife ich. Eine Million Gedanken schießen mir gleichzeitig durch den Kopf. Wie unfähig ich beispielsweise immer noch oft bin, auf mich aufzupassen, geschweige denn, richtig für mich zu sorgen. Ich schweige, lächle ihn an und drücke seine Hand. Er sieht mir weiter in die Augen. Scheint endlich zu finden, wonach er gesucht hat.

Als ich dann aus dem Zimmer gehe, weiß ich, dass sich etwas in meinem Leben geändert hat. Ich frage mich, ob zum guten oder zum schlechten, und erkenne, dass es keine Rolle spielt. Es geht nicht um gut oder schlecht oder indifferent. Es geht um mein Überleben. Schon jetzt ist das die Ebene, auf der ich gegenwärtig funktioniere. Leider hatte ich da noch nicht wirklich geschnallt, dass sein Manager unseren Kontakt wohl nicht für gut befand. Er war wohl leicht irritiert von mir, und dem, was da zwischen uns lief oder eben auch nicht lief. Er kannte bisher auch nur die Mädchen für eine Nacht. Und dann die festeren verhaeltnisse die rod gehabt hatte, die auch oft nicht gehalten hatten. Ich war ihm wohl ein kleiner Dorn im Auge, denn sein Verhalten mir gegenüber änderte sich auf einen Schlag. Und so endete die kurze, schöne Romanze damit, dass Don unseren Kontakt manipulierte. eine normale frau in meiner position trodz des alter unterschieds der ja zwischen mir und rod war, hatte ihn nie wieder aus den augen gelassen, und ich in meiner naiven gutglaubigkeit hatte einem kleinen fotojob in hamburg zu gesagt, denn ich wollte doris und die agentur die sich gut um mich kekummert hatte nicht haengen lassen und das sah sein manager als gelegenheit mich weg zu boxen. Ich glaube, in der so perfekten Welt damals kam mir der Gedanke einfach nicht—oder ich konnte einfach nicht glauben—dass es Menschen gibt die dich freundlich anlächeln, während sie dir das Messer in den Rücken stechen. Wozu hat man auch einen Manager? Für die wirklich wichtigen Dinge, damit man sich selbst um so wenig wie möglich kümmern muss. Und weil es sicher ein schönes Gefühl ist, Vertrauen zu haben, jemanden zu haben, der die Dinge für einen so weit vorbereitet, dem man einfach nur hundert prozentig vertrauen kann. Meine damalige Mitbewohnerin und Freundin Beryl meinte dann, Don hätte angerufen für Rod wegen dem Treffen in Berlin, er meldet sich wieder. Dieser Anruf kam aber nie. Ich fühlte mich gedemütigt und traurig und vegetierte mit meinen Modeaufnahmen und meiner Einsamkeit wieder vor mir hin. nach einem wochen langen bliss von den besten hotelsuites dieser welt und eines gewissen ertrinken im luxus, starte ich beim liegen wieder an eine kalte weisse decke in der sogar ein riss war, und ich hatte das gefuehl das etwas verloren gegangen war, das ich nun nicht zurueck bekommen konnte. Und so war es dann auch gewesen. denn irgendwie hatte mein gefuehl in der magengrube immer gestimmt. Es regnete, ich dachte nach, hier und jetzt. Es fühlt sich wieder regnerisch an. Es kann trotzdem schön sein, es gibt wenige sonnige Tage. Aber fast alles wird dominiert von Düsternis und Wolken. Als ob ständig Regen droht. Rod war wenigstens für eine kurze Zeit mein licht. Und zu was macht mich das alles jetzt schon wieder? Sicher nicht zum Licht in der Finsternis. Ich bin entrückt und distanziert. Wieder zu mir selbst und auch dem Rest der Welt. Aber ich bin doch stark, deshalb möchte ich mich nicht entschuldigen. Bei niemandem und auch nicht bei mir selbst. Die Starken müssen sich niemals entschuldigen, weil sie eine einzigartige Kraft besitzen. Die Starken brauchen nur zu atmen, fest und regelmäßig. ich weiss das am ende der sache mit rod sein manager ein ganz guter manipulant war. Er war einfach ein ekelpacket von mensch gewesen, selbst rod war es manchmal peinlich wie er sich benommen hatte auch wenn er unter uns war, wie es ja ein paarmal der fall gewesen war und er sich sogar billige prostituierte aufgreifen musste.

So kam der Herbst, dann der Winter und eine neue Anfrage der Frauenzeitschrift „Petra" für ein Interview. Ich traf mich mit der Journalistin in einem Café und gab gutgläubig das Interview über mein Leben als Model, eben die ganze Szene und mein kennen lernen oder die kurzen Treffen mit mehr oder weniger berühmten Männern. Als dann der Bericht einige monate später raus kam musste ich erkennen, dass keins von meinen Worten übernommen wurde. Ich wurde nur als totales Dummchen und Groupie dargestellt., und jemand die regelmaessig auf maennerfang ging. Im Januar 1987 dachte ich wieder nur an Flucht und reiste dann sofort wieder nach Paris. Die Ankunft in Paris sah zunächst gut aus, aber dabei blieb es nicht. Ich kam unter bei der Agentur „Prestige". Der Besitzer, Claude fuhr total auf mich ab, verglich mich mit Kim Alexis und sagte mir ständig, er würde mich zu einem großen Star machen. Er hatte mich dann eingeladen in sein majestätisches Luxus-Appartement an der „Etoile" nahe dem Triumphbogen, denn dort, sagte er, ließe er seine guten Modells umsonst leben. Ich trete ein. Es ist eine riesige 8 Zimmer Wohnung, zwei Bäder, ein großes Wohnzimmer und eine sehr große Küche. Ich sehe viel blau, und sehr viel gold. Blau ist eine meiner Lieblingsfarben, blau in den Vorhängen, eine blaue Vase. Die Wohnung hat Stiel. Sie besitzt eine mühelose Eleganz, mit viel goldenem Firlefanz oder vergoldeten Zierrat. Alles passt, doch nicht auf eine so irritierend zwanghafte Weise, es anderen unbedingt gleichtun zu müssen. Die Wohnung ist ein Beispiel unauffälliger Schönheit. Sie wirkt souverän. und war einfach toll.

Von einem Butler wurde mir ein schönes Zimmer zugeteilt und ich wollte gerade einschlafen und sah nur die flauschigen Januar-Schneeflocken. Aber dann ging die Tür auf und Claude legte sich ohne Umschweife zu mir ins Bett. Und nicht nur das, ohne Worte versuchte er gleich mich an zufassen. Ich dachte ich spinne, stieß ihn sofort weg von mir und sagte er solle mich in Ruhe lassen.

Er beschimpfte mich daraufhin als blöde Schlampe und haute erstmal schnell beleidigt ab. Aber er kam wieder, versuchte es nochmal, auch mit Worten des Versprechens wie es folgen viele Jobs. So ging das die ganze Nacht hin und her. Am nächsten morgen war ich völlig fertig und heulte nur noch. Ich rief meine Freundin Natalie an, sie war ein model das ich aus hamburg kannte und immer wieder hatten sich unsere wege gekreuzt . . . auch in mailand. sie meinte nur: Ute, hau sofort da ab! Das gibt doch nur Psycho Terror, der Typ wird nicht aufhören da rumzunerven. Also zog ich schon nach einer Nacht aus dem Claude Schlösschen aus. Ich blieb jedoch bei der Agentur und fing eine Affäre mit seinem gut aussehenden Sohn Pascal an. Dieser war Booker und ich verliebte mich unsterblich in ihn, genauso wie wahrscheinlich jedes andere zweite Mädchen, das ihn mal kannte. Claude hatte viele Mädchen psychisch total misshandelt, so unter Druck gesetzt, es ging um Sex, Sex und nochmal Sex. Der Mann war wohl sehr krank. Die Stadt war mir immer noch unsympathisch. Als ich begriff, dass das alles nur ein Spiel war, war es zu spät—der emotionale Schaden war wieder angerichtet. Damals saß ich öfters mit vielen anderen, unter anderem Roman Polanski, im Les *Bains Douches* am Tisch. dort gab es ja jeden abend dinnerparties und roman sass woechentlich fasst jeden abend mit den besitzern des ladens am tisch. Mit ihm hatte ich aber nur sehr wenig gesprochen, es gab hier auch nie eine sexuelle Anmache. als deutsche kam ich wohl sowieso nicht recht in frage Ich war immer sehr aufmerksahm und beobachtete ihn oft, er schien ein sehr introvertierter Mensch zu sein, als ob er nicht wirklich in das Umfeld passte. Im Gegensatz zu dem was man vieleicht erwartet haette war er fasst schon unheimlich still. Oft fragte ich mich: warum?und da ich jetzt so alt bin wie er damals war, weiss ich es glaube ich. Aber in der ganzen Laber-Branche hat es mir einfach imponiert, ganz nach dem Motto: Reden ist Silber und Schweigen ist Gold. Eigentlich hatte ich heimweh nach deutschland und wollte zurueck nur war es leider thatsache gewesen das das petra interview unter den hauptagenturen in hamburg einen totalen sturm an empoerung und hass und beschwerde hervorgerufen hatte. Die tussen von den agenturen wie talents oder parkersed hatten mich als, schande der branche, verschimpft, was mir dann irgendwann natuerlich irgendwo mitgeteilt wurde.

Ende Januar kam ein ausschlaggebender Anruf aus Hamburg. Die Worte von Doris waren nur: „Die NDR-Talkshow will Dich."also hatte es dann wohl doch ein bischen positives gebracht. natuerlich war ich happy und sehr aufgeregt, und das gefuehl war wieder da das etwas besonderes am passieren war. ich war happy und fuehlte mich danach einen Regentanz aufzuführen.

An meinem letzten Abend in Paris setzte ich mich in ein Café und sehnte mich, trotz der ganzen Aufregung, so sehr nach einem Zuhause. Aber das bisschen, was einmal meine Familie war, hatte sich zwischenzeitlich schon vollständig aufgelöst. Mein Vater hatte oft getobt, als ich ihm erzählte, dass ich wieder einmal nicht einer Meinung mit anderen war, und war auch unglücklich. Inzwischen lebte er schon außerhalb Hamburgs. Auch meine Schwester ging schon ihre eigenen Wege, sie zog mit fünfzehn in eine sogenannte Jugendwohnung. Die Alternative wäre ein Heim gewesen. Aber sie war schon immer die Vernünftigere von uns beiden, schien sehr abgeklärt und reif. So landete sie in diesem Haus, in dem zwei mal wöchentlich für zwei Stunden eine Betreuerin vorbei kam. Mehr schlecht als Recht hatte sie eine Ausbildung angefangen, und wir hatten eher keinen Kontakt. Ich war ja auch ständig unterwegs, wusste also nicht wirklich was sie machte und der grund wieso alles so kam war weil mein vater emotional selber sehr geschaedigt war und sich padhagogisch kein bischen durchsetzen konnte. Er hatte an allem aufgegeben und wollte garnicht realisieren was los war. so waren die gedanken einerseits oft bei meiner familie oder was davon uebrig geblieben war. und oft wollte ich etwas fuer meine schwester tuhen, aber das schicksahl schien sich oft dagegen zu stellen

le pastell' hiess und die naechte die immer denselben ablauf hatten. Irgendein tolles restaurant, dann niteclub after disco und noch mehr disco.

Am 30 Januar 1987 erhielt ich einen Anruf aus Berlin. „Hallo, hier Rialto-Film, Sie sind uns in der Talkshow aufgefallen, möchten Sie vielleicht beim nächsten Otto Waalkes-Film mitspielen . . ." Ich dachte ich höre nicht richtig—und schon saß ich schneller wieder im Flugzeug, und zwar diesmal Richtung Berlin, als ich es mir hätte träumen lassen. Schnell stand ich ziemlich aufgeregt im persönlichen Büro von Horst Wendland, einem der Produzenten in Deutschland, und wartete auf 'Otto' und seine Crew. Dann ging die Tür auf und Otto, Schwarzenberger, der beruehmte kameramann und regisseur, und ein persönlicher Freund von Otto, der immer mit ihm rum hing und auch immer mit ihm unterwegs war, kamen rein. Otto mit seiner, doch eigentlich auf Anhieb witzigen Persönlichkeit musterte mich und wurde auf einmal ernster.

Wir redeten über den Film und welche Rolle ich spielen sollte. Dann hatten Otto und Co. eine Postproduktion, aber wir waren später in irgendeinem japanischen Restaurant zum Essen verabredet.

Alles lustig, lecker, schön. Plötzlich herrschte ungemütliches Schweigen. Das Abendessen schien sich mit einem mal länger hinzuziehen—und wir waren erst beim Hauptgang. otto war eine mischung aus immer wieder bloedelhaft und ernst, ich hatte probleme mir im klaren zu sein woran man bei ihm war. und als er sich nach mehreren Drinks dann endlich erhebt und Anstalten macht zu gehen, war er es auch gut so. Niemand wusste warum. Leicht irritiert ließen wir anderen den Abend relativ entspannt zu Ende gehen. am naechsten tag wurde glaub ich der vertrag unterzeichnet. otto war oft der selbe jeden tag, aber trotzdem gab es momente in denen ich nicht wusste woran ich bei ihm war. heute mit vielmehr menschen erfahrung weiss ich das er gern spiele mit den gemuetern anderer spielte . . . wenn auch immer er die gelgenheit sah, oder jemand war schwach, dann gings ans spielen. denn wenn die dehmut durch so jemand wie ihn kam, dann war das wohl etwas komisches.

Von Berlin flog ich wieder nach Paris. Dort war es natürlich den Leuten egal, was in Deutschland an Arbeit und Erfolg angesagt oder gelaufen war. Wie wohl jede Stadt, hat auch Paris einen super attraktiven Schein, und eine dreckige und dunkle Seite. So richtig toll lief es zwischen mir und Frankreich nie, aber ich versuchte erst mal das positive zu sehen. Und das schlimme war das ich tierisch in pascal verliebt war.

Das schöne war die Architektur und die strahlenden, chicken Menschen, die mir auf den Straßen entgegen kamen. Die Dreckseite waren viele Bettler und Betrüger in der Metro, wie auch auf den Straßen und die Tage bestanden aus acht bis neun Stunden von so genannten „go and see". Das ist, wenn man als Model mit seinem Foto Buch oder auch nur 'Buch' genannt, von Fotograf zu Fotograf, Modeclient zu Modeclient und Studio zu Studio hetzt. Es sei denn, man war für einen sogenannten Fototermin gebucht. Die Füße wurden dabei vom vielen laufen fast grün und blau. Aber es gab da ja auch das berühmt berüchtigte Pariser Nachtleben. Für Neuankömmlinge war der Sog ins Bain Douche oder dem konservativeren Apocalypse, genau so ein Teil vom geschehen, wie Make Up oder Baden nach einem langen Tag. eine typische pariser nacht fing donnerstagabends in einem taxi an, und dann war da automatisch immer dieser strudel der einen in die, in laeden' reinzog, und das motto war nichts anderes als, sehen und gesehen werden. an einem Sonntag morgen, oder fuer die die gern alles verleugnen, einer Samstag spaetnacht, also doch sonntagmorgens hoerte die nacht dann wieder in einem taxi auf und dazwischen war nur gelaber, angemacht werden, noch mehr labern mit anderen models, diverse nasen koks, drinks, noch mehr koks, laute musik und hier und da ein dinner das eigentlich nicht mal gegessen wurde.

Eine Pariser durchschnitts—Ausgehnacht fing an mit einer Dinnerparty, die sehr ausgedehnt war, und dann kam noch die Disco Palace dazu, und in meisten Fällen das Bain Douche bis 6. 00 Uhr morgens. Hier und dort gab es mal ausnahmsweise nicht jedes wochenende weg ausgehen, aber nur wenn man eine modelbuchung hatte. man sah oft prominente. Grade im bain douche, bob geldof, david bowie, prince, george michael und grace jones um nur einige zu nennen, und einmal kam sylvester stallone ins apokalypse mit einem aufgebot von bodygards, wie sie sonst nur in filmen ausgesehen haben.,. dann kam eine Nacht, als eine damals gute Bekannte von mir, mich mal aus Hamburg besuchen kam. Wir gingen ins Bain Douche und trafen zufällig jemanden, dem ich vorher schon oberflächlich ein paar mal begegnet war. Wie so viele Leute fragte er auch mich, ob ich ein 'bis chen' wolle, und dann sprach er mit den damaligen Besitzern. Wir wurden in das Büro von der Geschäftsführerklicke gerufen. Es wurden zwei Baustein große, weiße Päckchen, aus einem Wandregal genommen und ein Hammer. Es war das reinste kokain das erst mal auseinander geschlagen wurde. Dann wurde drauf gehauen. Wir schnupperten ein bisschen und flogen durch die Nacht.

Aber an so etwas denke ich, wenn ich an eine dunkle Seite dieser Szene zurück denke. Irgendwie vergingen dann ein paar Monate schnell, und unter immer noch viel emotionalem Frust wegen meinen Gefühlen für Pascal und der Enttäuschung, die ja wegen ihm mittlerweile an der Tagesordnung war, flog ich nach Berlin zum Beginn der Dreharbeiten. Es war fruejahr.

Grade in berlin angekommen, ging die transformation sofort los. alles war eine ebene die mir reichlich unbekannt war und dann war da sofort ein feind, und dieser feind war die deutsche presse. Schon vor den dreharbeiten ging ein spektakel von camera blitzen und interviews los und das schlimme war das ich keinen halt oder irgendwie eine beratung hatte. Somit wurde ich zum freiwild, und so fuehlte ich mich wenn ich ein paar tage oder wochen in berichten gelesen hatte ich sei schoen dumm, oder ein, model' das nicht schauspielern konnte . . . oder sonst etwas. Ich war das langbeinige reh das dem pumar in den rachen direkt hinein lief, und schon nach kurzer zeit setzte das einen unwarscheinlichen druck auf mich aus. Von otto kamen dann immer nur komentare das dies nun einmal so sei, und das ich mir keine gedanken machen brauchte, denn nach dem der film raus kommen wuerde, wuerden noch viele angebote kommen und nach jeder einstellung einer szene wurde mir gesagt ich haette alles richtig gemacht. Auf dem set, merkte ich das staendig getuschelt wurde, so richtig kindergarten maessig. das war ein grosser turn off. Dann kamen die staendigen weiberheldlichen frauen feindlichen labereien von ottos freunden noch dazu und wenn soetwas andauernd der fall ist dann nervt das auch sehr, und zu recht wenn man was abhaertung anging so eine kerzenflamme im wind war wie ich es damals war. Wenn wir im bus zu dreharbeiten fuhren oder in irgendein restaurant wurde nur ueber frauen getratscht, garnicht mal so doll von otto aber von seinen begleitern.

Am wochenende ging es dann immer nach hamburg, und otto schlich bei seiner extrem unsicheren ehefrau unter, die ein kind von ihm zu der zeit erwartete.

Wenn ich zurueck schau glaube ich sie war mit sicherheit eine der unsichersten frauen die mir jeh ueber den weg gelaufen sind. Einmal um ihren frusst ein ende zu setzen der wohl bei ihr war wegen den dreharbeiten mit mir, gingen wir zu dritt essen, aber das lief nicht so gut, denn otto selbst hatte sie zum flennen gebracht, denn er sagte immer nur, die freiheit sei vorbei, weil sie ein kind bekam.

Das ging so lange bis ihr traenen ueber ihr gesicht gelaufen sind. Und wenn ich nun zurueck schau, dann war genau das die seite die deutschland von dem millionen schweren komicker nicht kannte.

Otto das kamelion, der manipulant. Der, der wusste wie man mit den feelings von unsicheren spielte, um in kontrolle zu sein. Damals blickte ich da kein bischen durch, heute jedoch wuerde ich ihn, vom chinesischen her die ratte, einmal zertreten, denn im chinesischen bin ich ein pferd. er ist das sternzeichen, ratte'.

Er spielte seine, mindgames, auch mit mir und wurde eingeschnappt wenn ich zickig reagierte, aber trodz allem kamen wir an den drehtagen oder wenn wir von und nach hamburg geflogen sind meistens gut klar. der grund war wohl das es sich ja um sein produckt gehandelt hatte, und waer es nicht so gewesen haette er sich auch nichts geschissen ob ich eine aufnahme machte, oder im flugzeug abgesturtzt waere.

Der durchbruch mit dem film war wie ein schloss in einem maerchen, nur in meinem falle wurde es auf der falschen foundation gebaut. Auf sand so zu sagen anstatt auf beton. und dann fing der sand an sich bemerkbar zu machen, und es fing an zu rieseln.

In hamburg, zu naechst an wochenenden wohnte ich bei einer bekannten die in einem scene laden arbeitete, dem,cha cha, , so eine art nachtcafe . . . sie wohnte mit ihrem freund, halli, in einer wohnung und ueberhalb der wohnung lebte ein brazilianisches ehe paar . . . . ich hatte ab und zu bei halli und ihr zur untermiete gelebt, und alles ging immer reichlich braf und bieder ab, aber dann ging die sache mit dem brazilianischen buecher club los, und fuer eine weile kam die szene ganz schoen ins fliegen . . . das ging so;

Der brazilianische eheman ging alle vierzehn tage zur post und erwartete ein packet, nur waren in dem packet nie buecher aus brazilien sondern ein baustein grosser klumpen des reinsten kokains. so eben in buecher gepackt.

Derselbe kam zu halli, und schnell sprach es sich herum das es bei ihm gutes zeug gab, und man fuer sein geld immer gute portionen bekam und somit wurde halli uebernacht zum schneeman von hamburg und arbeitete als tarnung sogar noch als promoter fuer eine getraenke company dessen nahmen ich wohl lieber fuer mich behalte. Er, streckte das zeug immer nur ein kleines bischen.

Tja und ich war irgendwie dazwischen, mit den dreharbeiten am hals, meiner vergangenheit, die immer wieder aus dem familienmuell bestand, und dem traum gross als schauspielerin heraus zu kommen. denn so wurde es mir auch von otto eingeredet.

DER VERLORENE TRAUM.

Zur damaligen ging Zeit hatte ich nicht, und auch nicht die anderen, von denen ich umgeben war erkannt, dass ich unter Depressionen litt. Ich war immer nur einsam, auch wenn ich hunderte von Menschen um mich herum hatte. Ich war in vieler Hinsicht einfach immer noch so anders, wenn man mit den anderen Mädchen und Modells verglich. Alle hatten immer einen Freund und Eltern, von denen sie unterstützt wurden. Um erfolgreich zu sein oder überhaupt ein glückliches Leben leben zu können, brauchen Menschen einen Katalysator, auch mal jemanden, der einen Stützt, unterstützt—vielleicht auch einfach nur zuhört. Statt dessen hat Otto mir immer nur erzählt, dass Wendland auf mich steht und ich noch sonst was an großen Angeboten bekommen würde. Was ich aber stattdessen bekam, waren die vielen hässlichen Bemerkungen der deutschen Presse, und das war schon reichlich mies. Aber gerade Otto, der mich während der Dreharbeiten immer wieder aufbaute, denn schließlich ging es ja auch um sein Produkt, sprach nach **Abschluss der Dreharbeiten kein Wort mehr mit mir.**

Die Einsamkeit wurde immer schlimmer. Am Wochenende flog ich immer von Berlin nach Hamburg und ging spät aus, und dann ging das mit den Drogen los. Kokain war einfach immer zugänglich. und es beteubte immer die gedanken an neider, oder an eine gehaessige medien welt.

Es ging also erst mal auf dieser neuen, unbekannten Ebene weiter. Einer ganz anderen Ebene, einer Ebene, die ich wesentlich besser fand, als schlecht gelaunt und Energielos in der Gegend herumzulaufen, unter druck einer agentur, das ich jobs zu landen hatte, und jetzt schien alles besser zu mir zu passen. Ich war endlich wieder stark und fühlte mich gut, so als ob ich tatsächlich alles schaffe, was ich mir wünschte oder vorgenommen hatte. Mit dem Schnee der durch die Nase ging, und besonders in der Modell-Branche, ein beständlicher Teil des 'dünn genug sein' war. Endlich, endlich habe ich fast alles, was ich brauche . . . außer, dass Hamburg mich schon wieder nervte Komisch—denn eigentlich ging es mir gut.

Wenn ich heute wieder auf diese Zeit zurückblicke, bleibt wieder nur die Frage offen, warum die Höhenflüge immer nur so kurz—die Tiefflüge aber immer so furchtbar lang sein müssen. an zwei derbe ereignisse konnte ich mich immer wieder gut erinnern. Eins war ne schlimme nummer mit einem reporter von einer billigzeitung der mich so provozierte das ich ihm gesagt hatte, die deutschen reporter seinen ein haufen wichser, und das ich keine fotos mit ihm machen wollte. oft waren es reporter von billigem boulevard trasch, und deshalb verabscheute ich dann oft die selben.

Danach rief er wutschnaubend die filmfirma an und erpresste die irgendwie, damit er doch noch seine fotos bekam, und dann war da der berliner presseball und es war einfach toll so viele promis und letztendlich sogar den bundeskanzler und diverse politicker nur einige meter von einem weg sitzen zu sehen. Es war wie ein traum. Ein toller rausch. Ein flug von hohem und tiefen, nur leider blieb es nicht dabei. ich fuehlte mich immer wieder oben wo ich ja auch immer sein wollte, aber zur gleichen zeit hatte ich nie einen rat, halt, oder jemanden.

Die dreharbeiten zogen sich dahin und der sommer ging dem ende zu und dann platzten aufeinmal die champagnerkorken und es wurde von crewmembern geweint und die dreh arbeiten gingen zu ende. dann flog ich zur Abwechslung mal wieder nach Paris. ich vermisste die dreharbeiten und das ganze wirr warr an welches ich mich so gewoehnt hatte, Zuerst kam ich in der Prestige Agentur an, und der Moment den ich so lange ersehnt hatte, Pascal zu sehen, war dann voller Frust. Es waren ganze Horden von neuen Mädchen aus Schweden und den USA angekommen, und neben 'Booker sein' war es Pascals Job, dieselben zu Dinner Parties auszuführen und dann ihnen den Eindruck zu geben, dass er der warme, neue Freund für alle Fälle ist, und dass man ihm mit allem vertrauen könne. Leider realisierte ich ziemlich schnell, dass er ein Verhältnis mit einer neuen Amerikanerin angefangen hatte. Zumindest dachte die Tante das. Er versuchte natürlich, auch dieses neuste Vögel-Abenteuer so neutral und unauffällig wie möglich zu halten. Ich hatte mir nie eingebildet, dass ich die einzige war, aber trotzdem war das Leid groß, so sehr ich auch versucht hatte es zu kontrollieren. Aber die Demütigung, welcher ich unterlegen war, war mächtig. Einmal, als ich der Ami-Tante beim 'go`n see' in der U-Bahn begegnete und ich fragte, ob sie heute schon in der Agentur war, antwortete sie „ja, sie habe mit Pascal eingecheckt und sei jetzt auch mit ihm zusammen"., während ich dieser Frau gegenüber stand, und sie wohl fassungslos und leicht bescheuert anstarrte viel mir nichts mehr ein. Das besagte Wort muss mir wohl ein bisschen kreischend entwichen sein, weil mich die andere mit einem scharfen, wachsamen Blick musterte, wachsam, aber gleichgültig, gleich einem satten Raubtier, das zu faul ist, zum Sprung anzusetzen. Welches Thema könnte ich nur anreißen um sie abzulenken. Ich zermarterte mein Hirn. Eine spitze Bemerkung mit einem weiteren F-Wort würde es wahrscheinlich bringen. Worüber konnte ich mich mal mit ihr unterhalten? Vielleicht wäre es eine gute Gelegenheit, sie jetzt darauf aufmerksahm zu machen das auch ich, wie so viele mit pascal im bett gewesen war. Sie lümmelte noch etwas rum und fährt fort, mürrisch und apathisch ihr Kaugummi zu kauen. Oh no—ich halte es nicht aus. Sie hatte mir fasst angebend erzahlt, sie sei jetzt mit pascal zusammen, und dann bemerkte ich nur, ja, das denken mehrere', und ihr blieb fasst der kaugummi stecken. ich konnte es mir einfach nicht verkneifen. ich liess dann noch den spruch los' ich weiss wie er um seinen pimmel herum ausgestattet ist, und sie hoerte auf ihren kaugummi zu kauen. sie soll dann angeblich schlecht gelaunt wieder in der agentur angekommen sein und pascal reichlich angezischt haben . . . grins.

Oft traf ich mich mit einer Bekannten, der Natalia. Ich kannte sie nun schon seit Jahren aus Mailand, Hamburg und nun auch aus Paris. Sie war so eine Art große Schwester. Jeden Tag nach unseren Terminen trafen wir uns in einer Brasserie irgendwo und es wurde geredet.

Sie sagte immer wieder, ich solle 'Prestige' verlassen, und ich wollte das dann auch, denn mein emotionaler Stress war unwahrscheinlich groß. Ich konnte auch deshalb keine Jobs landen, denn man musste eine gute Ausstrahlung haben, keine kranke oder irgendwie leidende wenn man sich bei irgendwelchen kunden vorstellte.

Zurück zum professionellen jedoch, konnte ich wieder nicht begreifen, wie Pascal mich anstarrte mit seinen großen, braunen Augen, als sei mein kühles, distanziertes Verhalten ihm gegenüber etwas, was er beim besten Willen nicht verstehen konnte. Und ich hatte nicht die Reife, den Mut oder Nerv irgendwie irgendwann mal zu diskutieren. Dann kam trotz allem der Tag, an welchem ich Prestige verließ. Es war zwar einerseits ein sehr trauriger Tag, aber zur gleichen Zeit auch befreiend.

Ich wurde dann von der damals sehr professionellen Agentur Glamour aufgenommen. Die Besitzer waren ein Ehepaar und es ging sehr professionell zu. Und dann kam auch noch etwas womit ich fast schon nicht mehr so richtig gerechnet hatte, auf einmal kamen viele Modelljobs rein, was in einer Stadt wie Paris sehr, sehr hart ist und mit Glück und viel harter Arbeit zu tun hat. Zum ersten mal fühlte ich, dass es weiter ging ohne von provozierenden deutschen Kunden abhängig zu sein, und ein dreiviertel Jahr von guten Zeiten folgte. Zunächst unmittelbar nach den Dreharbeiten, hatte mich Wendlands Sekretärin jedoch nochmal an kontaktiert und teilte mir mit, dass der Playboy mit mir Aufnahmen machen wollte und ich solle mich melden, oder sie wissen lassen, ob ich Interesse daran hätte. Das war in einer Zeit, wo ein Angebot von dem Magazin als Beleidigung aufgenommen wurde. Die fast schon Geborgenheit und Sicherheit die der neue Ruhm und das Geld vermittelt hatte, waren zwar noch da, aber ich wusste, dass es erst mal anders weiter gehen würde und aus was für Gründen auch immer hatte ich ein mulmiges Gefühl in der Magengrube, wie eine unbestimmte Angst.

Zunächst konnte ich mich nicht entscheiden, denn jetzt war erst wieder Deutschland angesagt und die **Premierenfeier** des Films. Ich war einfach sehr gespannt, denn ich glaubte, dass nach dem der Film endlich raus war, würden auch neue Angebote kommen, so wie es Otto immer so oft gesagt hatte.

Mit großer Naivität und aufgeregt, fast schon als sei ich ein kleines Kind, chauffierte mich ein Taxi zum Pariser Flughafen Charles de Gaule, wie schon so viele male zu vor. Das Flugticket, das für mich reserviert war, werde ich nie vergessen, denn es ging so "Paris-Dortmund—München-Hamburg-Paris". Angekommen in Dortmund sah ich erst mal niemanden und flüchtete mich in ein gebuchtes Zimmer ins 'Sheraton'. **Nach einiger zeit ging ich in die hotelhalle und sah wentland, otto und hans otto. wentland gab mir einen tausender und sagte, hier damit du ein bischen taschengeld fuer die naechsten tage hast und dann ging es in einer limo in das kino . . . ich sass dann waerend der vorstellung direkt wieder neben wentland aber aufeinmal war er anders als er sonst immer mir gegenueber gewesen war. er zischte das ich nach paris zurueck gehen solle und . . . seinen eigenen worten nach meine model geschichte weiter machen solle, und wenn er etwas fur mich haette dann wuerde er anrufen.**

Am naechsten tag flog der klan nach muenchen wo noch einmal eine diesmal kleinere premiere gefeiert wurde und man traf sich im hilton.

Als ich in mein zimmer ging bemerkte ich arnold schwarzenegger der auch die tuer zu seiner suite aufschloss, und er musserte mich. Ich hatte mir aus witz eine knall enge bayrische lederhose angezogen, und meine langen beine waren in einer schwarzen strumphose betont, und dann natuerlich die hochhackigen schuhe.

Arnold that so als musserte er die lederhose und sagte . . . ist das echtes leder.?. und ich antwortete, ja, hier ist alles echt.'dann verschwand er in seine suite und ich in mein gebuchtes zimmer.

Ein besonderes Erlebnis war wohl, dass mich die Idee überkam, bei meiner Mutter anzurufen, welche mich fast acht Jahre lang nicht gesehen hatte. Als ich ihr mitteilte, dass ich zur Premiere des Films quasi bei ihr in der Gegend war, und ob sie kommen wolle, war ihre Reaktion: "Ruf doch nachher noch mal an". Das allein schon war der erste Tritt in den Magen und reichte aus mich völlig runter zu machen, denn wie auch schon in Kindertagen, kam die Frage in mir hoch, wer mich wohl irgendwann nochmal lieben würde, oder ob. Denn nicht mal die leibliche Mutter verhielt sich mir gegenüber normal. Diese Frau verhielt sich nie normal, aber dafür war mein Vater, glaube ich, hundert mal so stolz auf mich.

Dann war irgendwann auch dieser Abend zu Ende, und ich begab mich zurück ins Hotel, und am nächsten Tag flog ich wieder nach Hamburg. ich hatte gehoert das es terz zwischen h. o. mertens, der ottos manager war und einem hauptredakteur der zeitschrift spiegel gegeben hatte. Mertens war nach spaeteren aussagen sternhagel voll gewesen und fing an rumzu bruellen. Er bezeichnete diverse reporter als, pressewichser, und schrie sie sollten doch alle schreiben was sie wollten und das der film ja doch ein erfolg werden wuerde. Und dann hatte die presse das auch noch gemacht. Mit mir als fleisch am haken.

Irgendwie glaubte ich trotz des sehr viel negativen, dass es mit Aufträgen ganz normal weitergehen würde, andererseits hatte ich dieses komische Gefühl im Bauch, eine Mischung aus Verlorenheit oder Unsicherheit. Selbst im Flugzeug bevor ich in Hamburg ankam, ging mir Ottos seltsames Verhalten nicht aus dem Kopf, welches er mir gegenüber an den Tag gelegt hatte. Es war schon fast so gewesen, dass er genervt war, wenn nicht die gesamte Presse Aufmerksamkeit nur auf ihm war.

Dann, in Hamburg angekommen, ging es sehr nüchtern weiter. Ich glaube sowieso im allgemeinen, das Hamburg eine tierische nüchterne Seite hat. Da ich dort ja keine Wohnung hatte, ging es in das Appartement von jenen Bekannten, wo ich mich auch schon davor immer aufgehalten hatte. Nur war dort auf einmal alles anders.

Es war fast so schlimm, dass unmittelbar einen halben Meter weg gelästert wurde, dass ich es sogar hören konnte. Auf der anderen Seite konnte ich es nicht begreifen, dass die Leute den Nerv und Mut hatten, sich so wiederlich zu verhalten. Ich war sehr verunsichert und wusste einfach nicht, wie ich mich verhalten sollte.

. Einige Wochen später hatte dann eine Reportertante einer möchte gern-Szene-Zeitung reichlich mies über mich geschrieben. Niemals hatte ich mir träumen lassen, dass ich ein Jahr später so gut wie in der Gosse war. An dem abend der premiere in dortmund hatte ich das erste mal den drang danach mich doch zu betäuben, denn ich glaubte, dass ich das alles nicht mehr aushielt denn der hass und die verarschung hatten zu sehr auf mich drauf gehagelt. ich fing das erste mal distinct an mich danach zu fuehlen mich mit irgendetwas zu beteuben.

Mir war das zu diesem Zeitpunkt einfach alles nur Schnuppe. aber meine emotionen waren immer wieder im weg.

Eigentlich war ich auf alles gefasst—das dachte ich zumindest—aber in Wirklichkeit hatte ich ja nicht die geringste Ahnung von den Tricks und der Schreibweise der deutschen Presse.

Ich war eben gerade 20 Jahre alt und dem ganzen ohne Vorbereitung oder Erfahrung einfach nicht gewachsen. Die Situation wurde durch diverse Klatschblätter und deren Beleidgungen nicht einfacher order gar besser. dann kam da noch dieser vormittag wo ich uwe bohm im cafe aussichten begegnet war. *ch kannte ihn ja von jahren davor, als er mit anderen typen ein apt. An der osterstrasse teilte, und kann mich auch daran erinnern wie verloren er mal zu einer gewissen zeit in seinem leben gewesen war. Insbesondere bevor er von*

dem produzenten hark bohm unter die fittiche genommen wurde, und sich seit dem eigentlich erst bohm mit nachnahmen nannte.

Oft hatte ich mir vorgestellt wie es mir ergangen waer, haette mich eine produzenten familie irgendwo adoptiert, und mich mit arbeit versorgt . . . oder sonstwas.

Wie auch immer, an diesem morgen hatte uwe so eine art an sich die ich sonst noch nie an ihm geshen hatte. Er gab mir irgendwie den eindruck das er etwas fuer sich behielt, und nicht nur das, er war ein wenig verschmitzt.

Dann fragte er mich nur ob ich die spiegel kritik denn schon gelesen hatte und ich anwortete, nein' und darauf hin sagte er dann' tuh es auch nicht.'

Ich verstehe bis heute nicht warum er an jenem morgen nicht ehrlicher war, und mich warnte, aber in einem menschlicheren sinne, nicht so schadenfroh und komisch. Dann verabredeten wir uns, aber das meeting ging dann irgendwie auch daneben . . . und dann sah ich ihn nie wieder. die spiegelkritik hatte ich mir dann logischer weise wohl grade wegen der warnung reingezogen, und es war ein bild von mir abgebildet und es hiess'ute sander, ein total ausfall'

Der grund dafuer war eben gewesen das mertens sich mit arndt schirmer, einem journalisten angelegt hatte ihn besoffen beleidigt hatte und darauf hin wurde ich gegriffen. Ich war eben nur ein zwanzig jaehriges model, ohne managment und ein stueck freiwild gewesen und somit ein perfektes object sich zu greifen in die toilette zu stecken und den hebel zum herunterspuelen zu benutzen. Und genau das war der grund fuer die kritick, und nichts anderes.

Meine Rettung war ein Taxi, welches mich in das Hotel zurück fuhr.

Ich weiß noch, dass ich irgendwie nicht ins Zimmer wollte und dass ich mich einfach vor das Zimmer in den langen Hotelgang setzte, und ins Leere starte. Ich ging nochmal runter an die Luft, dann wieder hoch, und eins was ich noch immer so faszinierend finde ist wohl, wie es sein konnte, dass man so oben und gleichzeitig so unten war. Ich konnte mich ja noch gut an die nacht erinnern. In der das zwischen h. o. mertens und dem spiegel reporter passiert war. es war damals in der premierenacht in dortmund gewesen. es war so;

Später in der Nacht begegnete ich dann Otto und H. O. Mertens. Ottos Freund Michael und noch mehreren, und Otto war genervt und sagte andauernd zu Mertens, das hätte nicht passieren sollen, das hätte nicht passieren sollen . . . Mertens sagte immer wieder, das ist mir scheissegal, und die anderen beiden Typen schüttelten nur den Kopf, dann fragte ich 'wieso, was ist denn los' und Otto antwortete, dass 'Hans-Otto' die Spiegel Reporter angeschrien hatte, dass sie alle ein Haufen bescheuerter Pressewichser sind, und dass sie sich alle zum Teufel scheren sollen und dass der Film sowieso ein Erfolg wird.

Ich dachte kurz darüber nach, aber überraschen tat mich das gar nicht, denn ich hatte eigentlich auch schon andere Wutanfälle von Mertens erlebt. Dann ging ich zurück ins Zimmer, und als ich aufwachte war es hell und ich machte mich fertig und ging in den Frühstücksraum wo eine Meute von der selben Schah wie in der Nacht davor wartete. Ich fühlte wieder nur tuscheln und Geläster und Hass und sonst was. Zunächst flog ich emotional unsicher mal wieder nach Paris. Die Geborgenheit und Sicherheit, die der neue Ruhm und das Geld vermittelt hatte, waren zwar noch da aber, ich wusste, dass es erst mal anders weiter gehen würde. Aber aus was für Gründen auch immer hatte ich ein mulmiges Gefühl in der Magengrube. Fast schon Angst.

Ich glaube sowieso, dass ich oft in meinem Leben konkrete Vorahnungen hatte, von gutem oder schlechten, das ist wohl eine geschärfte Wahrnehmung oder Sensibilität. Emotional unsicher fliege ich wieder nach Paris, rufe sofort Natalia an und wir treffen uns. Es ist schon Abend und die Straßen sind belebt. Ich musste mich ablenken. Das Bain Douche hatte seinen Rachen wieder geöffnet, um die Schönen und Reichen und ihr Geld in sich hineinzusaugen. Aus den Bars droehnte Discomusik, und drinnen wiegten sich in sanftem Licht hunderte von Menschen in einem gleichförmig schweren Rhythmus. Unsere wilden, nächtlichen Ausflüge ins Apocalypse und Bain Douche, und die vielen Dinnerparties waren eigentlich immer nur lustig. ich war einmal einen sehr reichem araber begegnet. Er sah garnicht arabisch aus und hatte blaue augen. Er war o. k., nur auf einem totalen power trip./wohl wegen seinem geld. das hatte mich dann abgeturnt und er konnte wochen lang nicht begreifen weshalb ich ihn nicht wollte. Er konnte es auch garnicht fuer sich selbst akzeptieren, so leute traf man hin und wieder, wenn das schicksahl es zu liess. Und allein schon die Taxifahrten von und zu irgendwelchen, events' waren ein totaler trip. An so manchen Abenden waren wir gerade eingestiegen, und Natalia prügelte sich schon mit dem Taxifahrer, und es flogen gewaltig die Fetzen, als wir noch nicht mal los gefahren waren. Dann im Bain Douche, nach einigen—wollen wir mal schreiben „aufmunternden Helfern"—gingen wir auf die Tanzfläche und auf einmal guckte ich mich um und sah keine Natalia. Dann, fünf Meter weiter flogen wieder die Fetzen, weil Natalia sich schon wieder mit irgendeiner Braut prügelte. Am nächsten Tag lachten wir uns oft tot darüber. So manches mal standen wir vor der Frage: Ausgehen? Wohin? Ausgehen nervt. Im Restaurant bringen sie einem die Speisekarte, auf der sie sechzig Wörter brauchen, um etwas zu beschreiben, das dann als Salatblatt ankommt und aussieht wie ein verschiedener Frosch, dem ein Basilikumblatt im Hintern steckt. Wir hatten so unglaublich mächtig viel Spaß. Wir meckerten immer nur rum, in den unzaehligen brasseries, und ich trank manchmal cafe, noir' und bestellte mir ein glas brandy.

UTE SANDER

UTE SANDER

KARL LAGERFELD

Designer Frisuren

NATALIA DANNHAUSEN

M O D E L S

Am nächsten Abend wanderte ich eine Weile ziellos umher und landete zufällig bei einer Ausstellung. Ich schlich mich schnell hinein und sah mir die Bilder an, oder besser gesagt, ich warf verstohlene Blicke auf Liz Hurley, Mick Jagger, Elton John und einen über gewichtigen Filmbonzen. Es waren außerdem die üblichen Aristokratenkliquen erschienen—lüsterne Patriarchen mit ihren leidgeprüften, entfremdeten Gattinnen oder der Geliebten Nummer eins, ob nun stefanie von monaco, oder missratene, leicht exzentrische und Kokain schniefende älteste Söhne, die gerade aus dem Urlaub kamen, die alle umschmeichelt wurden, damit sie die Gemälde der jüngsten Entdeckung kauften. Mir scheint, gute Kunst lag oft nur in der Brieftasche des Betrachters. Das war einfach mal ein ruhiger und etwas anderer Abend nach der ganzen Aktion. Ich setzte mich danach noch einmal in ein Café. Ein Fotograf, mit dem ich einen Auftrag erfolgreich abgeschlossen hatte—ein Franzose—kam rein und setzte sich zu mir an den Tisch. Er beugte sich vor. Er betrachtete mich einen langen Moment, starrte in meine Augen, und ich fühle mich an eine Statue erinnert. An kalten, gefühllosen, harten Stein. Dann sagt er: „Ute, ich weiß was Du machst und mitmachst, aber ich sage dir eins: Du bist dabei, dich wirklich kaputt zu machen. Ich habe dich gesehen, Du bist schön. Mach dich nicht wegen denen da draußen kaputt". Ich glaube, das waren so die freundlichsten und menschlichsten Worte, die mir in den letzten zwei Jahren jemand gesagt hatte. Mit diesen Worten im Kopf flog ich wieder zurück in meine Hamburger Heimat. Diesmal möchte ich länger bleiben. Sobald ich ankomme lasse ich mir ein WG-Zimmer über die Agentur besorgen. Es müsste doch eigentlich so gut weiterlaufen, wie in Paris.

Ich war einfach sehr gespannt. Und so landetete ich in der WG von von halli, denn ich wollte mal wieder nach hamburg zurueck . . .

KAPITEL 4

Die achterbahnfahrt

Normalerweise wäre ich frisch, gut gelaunt und voller Energie gewesen, nach dem positiven Abschluss der Dreharbeiten. Okay—bis auf die "kleinen" Zusatz-Problemchen, die Menschen sich mit ihrem Drogenkonsum so einhandeln. Aber als der Film im Herbst 1987 endlich erschien, gefiel er nicht unbedingt allen Kritikern. Hmmm—warum? Sie empfanden mich womöglich als arrogant? Ich weiß es nicht. Ich weiß nur eins, das mit dem Modelln war eine oberflächliche Hölle, eine wirklich harte Branche, die einen leicht kaputt gemacht hat. Die deutschen Medien waren vernichtend. Es ist mir bis heute ein Rätsel, wie eine Nation ihre eigenen leute so runter machen kann. Dazu kam Misshandlung von Leuten in der Öffentlichkeit. Miese Weiber, denen die Eifersucht schon in der Visage stand während sie mich anmachten und tuschelten, dazu die Presse, der Druck, die Versprechungen, immer wieder die große Einsamkeit, kein guter Ratschlag, kurze Nächte, kürzere Tage und die Drogen, die immer mehr wurden . . .

. Es kam nur einmal ein neuer Auftrag, für Haare, und selbst der wäre fast daneben gegangen. Ich war so verzweifelt, dass ich mehrfach Rialto Film, Wendlands Filmfirma in Berlin anrief, aber Wendland war auf einmal nicht mehr Telefonisch zu erreichen, und ich wurde höflich von seiner Sekretärin abgewimmelt. Dann sagte ich einfach, dass ich wegen jener Produktion mit Otto keine Aufträge mehr bekommen würde und dass es mir total beschissen ging, und ob nicht irgend jemand mir mit Rat oder Tat zur Seite stehen könne, oder was ich machen könne, um aus diesem Mist nun wieder heraus zukommen. Schließlich hatte Wendland, wie ich es erfahren hatte, sich schon während der Dreharbeiten des ersten otto films sehr um die Hauptdarstellerin aus dem ersten Otto Film gekümmert. Diese wurde nach New York geschickt und hatte nur sehr viel positive Presse, und war auch sonst nur das tolle Frauchen von neben an. Mit einem Verhältnis mit irgend einem Ami Schauspieler und Kind . . . und die Glückliche musste nicht auf Modell go`n see gehen, und versuchen Arbeit zu bekommen, und sich entweder in einem Studio oder auf der Straße fast schon anspucken lassen.

Schließlich handelte es sich doch um sehr einflussreiche Menschen. Ich fragte, ob es nicht jemanden gäbe, der mich von dem Image, welches mir der Film und die Presse schon eingebrockt hatte, wegholen konnte. Aber dann wurde am anderen Ende nur so getan, als wüsste sie nicht was ich meinte, und die Konversation endete nicht mal dort, wo sie angefangen hatte. Dann erkannte ich irgendwann, dass jeder Versuch mit diesen Menschen zu handeln, zum scheitern verurteilt war. Es i war, als würde ich mit Steinen reden, einem Stück Holz oder einer Klapperschlange. Ich erkannte auch, dass ich für diese Männer und Frauen völlig unbedeutend war., ein Nichts.

So vergingen einige Tage.

Die Zeiten in meiner WG änderten sich auch allmählich. Nur wurde es nicht besser. Einmal ging ich an einem Abend aus meinem Zimmer auf die Toilette und schaute automatisch in das Zimmer von dem, auf wessen Namen die Wohnung gemietet war, und dachte ich guckte nicht richtig. Er war mit noch einem anderen Typen in dem Zimmer und hielt eine ganze Plastiktüte voll mit Kokain und schaufelte mit einem Teelöffel das Zeug in kleine Briefumschläge. Ich dachte fast schon ich guckte nicht richtig und in diesem Moment schnallte ich natürlich, dass sich alles irgendwie verändert hatte, für mich als auch für andere.

Diese Leute hatten eine richtige Dope connection zwischen Brasilien, der Post und dem Appartement hergestellt. Einmal im Monat ging jemand zur Post und holte imer noch ein Paket ab, das aussah wie ein Buch.

So vergingen ein paar verhärmte Monate und eine Zeit, die eigentlich die schönste meines Lebens hätte sein sollen, und in welcher das normalste gewesen wäre, dass ich mich vor Aufträgen oder vielleicht neuer Filmarbeit nicht retten konnte. Das alles zusammen war schon Grund genug, sich selber total zu verlieren. Aber dann war da immer noch diese bestimmte innere Leere, und das hing glaube ich, damit zusammen, dass ich seit meinem vierzehnten Lebensjahr immer nur von irgendwelchen Typen ausgenutzt wurde, und seit dem sechzehnten verdiente ich zwar etwas Geld in einer total oberflächlichen Industrie. Dann waren wöchentlich die Treffen mit meinem Vater angesagt, welche langsam immer schlimmer wurden. Erstens war immer noch der Generationskonflikt, der uns beide schon in den Jahren zuvor geplagt hatte, und dann war da sein Dilemma, wo er aus vielen Gründen, die mir auch zum Teil unbekannt waren, seine Geschäfte und viel Geld verloren hatte. Er lebte inzwischen ziemlich zurückgezogen außerhalb Hamburgs, und mittlerweile kam er in die Stadt um mich zu treffen.

Diese Treffen wurden immer merkwürdiger und qualvoller für uns beide. Inzwischen bastelte auch er mit dem analysieren meiner zunächst verhauenen Karriere herum. Wie einige andere Leute, die ich gut kannte und die nichts gegen mich hatten, konnte er sich wieder und wieder keinen Reim auf das Unglück machen. Oder warum die ganze Choose mit dem Film und dem Medien Spektakel sich so negativ ausgeartet hatte, wie es nun leider war.

Es kam dann immer dazu, dass er mir sagte, ich hätte Fehler gemacht und solle meine Fehler einsehen. Und dann der nächste Satz war, dass ich zusehen sollte, dass ich nie wieder die selben Fehler mache.

Und dann, nach noch einigen Wochen von verhärmtem Selbstbewusstsein, Verdruss und Verlorenheit entschied ich mich, das Angebot vom Playboy anzunehmen, aber sagte fast niemandem etwas davon. Heut zu Tage wäre nichts dabei—ganz im Gegenteil, es ist fast schon ein Riesenglück. Aber damals benahmen sich viele, als hatte man irgendeinen Mord begangen. Nun ja, Mord oder nicht, als ich wieder im Flugzeug Richtung München saß, sehr breit und deprimiert, war mir klar, dass ich nach der Produktion allmählich irgendwann aus Hamburg raus musste, und nahm mir vor, demnächst wieder nach Paris zu gehen. Die Entscheidung kam wohl, weil mein Selbstbewusstsein im Flugzeug auf einmal besser wurde.

Das "gute" Kokain hatte mich wieder etwas hochgezogen . . .

Angekommen in München ging es dann erst mal in die Redaktion und dann mal wieder für eine knappe Woche ins Hilton. Ich fühlte mich unsicher und verloren und identifizierte mich nicht mit der Produktion. Es war entschieden, dass alles geschmackvoll und interessant werden sollte, und ich bekam eine reichlich hohe Gage, die selbst den Fotografen umgehauen hatte, als er davon hörte. Aber integrieren konnte ich mich nicht so recht. Und genau da war das Problem. Ich hatte angst und war unsicher.

Am nächsten Tag im Studio wurde ich deprimiert und schmiss alles hin und wollte nicht mehr. Was natürlich einerseits unbegründet war, eigentlich hatte mir niemand wirklich etwas getan. Außerdem stand ich ja unter Vertrag. Alle verhielten sich sehr lieb und aufbauend mir gegenüber, und das hatte mir dann geholfen die Sache durch zu ziehen, aber trotzdem fühlte ich mich wie ein untergehendes Schiff. Ich kriegte aber noch mit, dass in München eine andere, etwas bessere Mentalität war. Hätte ich zum damaligen Zeitpunkt ein anständiges Management gehabt, mit Vertrauensperson, wäre glaube ich so einiges zu retten gewesen. Aber leider gabs das nach wie vor nicht, was hätte sein sollen.

Fast schon eine Tragödie war dann auch die Frau, die beim Playboy arbeitete und die Mädchen buchte. einerseits, war ich immer wieder viel zu weich und sensibel. Sie war ein Vogel, welcher mir noch lange immer wieder in Erinnerung blieb. Das mit dem merkwürdigen Vogel war einfach der Fall, weil ich noch nie erlebt hatte, dass eine Frau, die bei den Medien eine Karriere hatte und deren Arbeit es war, sich um die Models zu kümmern, welche die Zeitschrift buchte, sich ständig gegen die Models aussprach, und miese Sprüche von sich gab. Und mich dann auch persönlich Angriff, und Bemerkungen machte über meinen Modellberuf, welche sehr beleidigend waren. Mit dünner Haut, ich fühlte mich sowieso schon völlig krank, war diese Situation mit miesen Sprüchen am Ende sehr großes Gift. Irgendwann, als wieder ein dummer Spruch kam, meinte ich dann nur noch: "Halte dich doch bitte mit deinen Äußerungen zurück", und sagte auch zum Fotografen, dass mir das Benehmen nicht passen würde. Dann meinte der aber nur :'keine Diskussionen'! sie war eigentlich so o. k., nur die sprueche nervten tierisch.

Er sah mich an, als wäre ich dabei, einem vom aussterben bedrohten Adler die Federn auszureißen. aber egal, ich haette ein viel dickeres fell haben muessen. ich glaube sie hatte am ende vieles nicht so gemeint.

Ich war perplex und meine Gedanken verselbstständigen sich. Ich sehe mir die Menschen in meiner Umgebung an und denke, was andere Models, die Booker und die Fotografen betrifft, so lässt das was sie morgens so trinken, auch einige Rückschlüsse auf ihr Wesen zu. Die meisten kommen mit einem tiefschwarzen Espresso an getaumelt. Ich lasse mich erstmal auf ein ausgedientes Sofa fallen, das einem Yak ähnelt, der schon eine Weile tot ist, und trinke einen Kaffee. Er schmeckt genauso schal, wie ich mich fühle. Niedergeschlagen lasse ich die letzte Woche vor meinem geistigen Auge Revue passieren. Wie ein schwarzer Rand in der Badewanne, wie leere, auf dem Nachttisch zurückgelasse wasserflaschen, häufen sich die Anzeichen, dass, ich nicht mehr wirklich lange kann. Wen wundert es, dass ich abends schließlich wie eine Langstrecken-Stewardess unter Erschöpfung, schmerzenden Beinen und Stimmungsschwankungen leide. Ich konnte kaum glauben, wie sehr das alles schmerzte. Ich hatte das Gefühl nur noch zu schreien. Ich muss aufhören zu schreien, damit ich wieder richtig atmen kann. All die Dinge, die in der Ferne noch auf der Lauer liegen sind plötzlich schon ganz nah. Meine Emotionen waren eine unablässige Serie aus blendend grellen Blitzen und bereiten mir, Entsetzten, Angst, Wut, Schmerz und Trauer. Dieses Monster scheint unüberwindlich. Ich konnte ihm nicht entkommen, soviel wusste ich nun. Dieses Wissen ist niederschmetternd. Vernichtend. Es geht schon los, manchmal bekam ich Schmerzen. Körperliche Schmerzen. Manchmal kann der körperliche Schmerz den anderen verdecken. Doch leider nicht lange.

Es war also immer nur in Ordnung einzustecken, was andere austeilten, meine Rolle war wohl das einstecken. Wenn ich mir heute vorstelle, dass vielleicht jemand wie Pamela Anderson im Studio wegen ihrer Karriere dumm angemacht wird, oder was Redakteuren passieren würde, falls sie sich einem Model oder einer Schauspielerin so gegenüber benehmen würden wie damals mir gegenüber, würde diesen Menschen am Ende des Tages mitgeteilt werden: 'du bist gefeuert'. Und das wäre ja wohl auch richtig. Aber nicht damals in Deutschland im Jahr 1987. Oh nein.

Trotz allem gingen dann die fünf Tage rum, und ich flog nach Hamburg zurück und nahm ein Taxi zu meiner WG-Wohnung, in welcher sich die Lage reichlich zugespitzt hatte. Zunächst wurde mir berichtet, dass 'die Bullen' den Brasilianer geschnappt hatten. Überrascht fragte ich, wie das alles abgelaufen war, und das war so: Ein Bulle klopfte gegen die Wohnungstür und 'Halli', der Hauptmieter, schaute durchs "Peeploch". Er sah den Bullen und Frank, einen weiteren Mitbewohner, welcher auf den Boden schaute. das auf den boden schauen war ein signal das bullen aufgetaucht seien. Halli hatte dann sofort geschnallt was am ablaufen war und schlich in sein Zimmer mit der Plastiktüte voller Koks. Und dann flog die Tüte, in noch `ne Tüte gesteckt, in hohem Bogen aus dem Fenster, in den Altonaer Hinterhof. Dann öffnete Halli die Tür und der Bulle fragte, ob sich Drogen in der Bude befanden, und Halli sagte: 'nein'.

Dann ging Frank, ab in die Kanne, weil sie ihn mit dem Buchpaket bei der Post gekrallt hatten, denn das buchpacket war ja voller koks gewesen.

Mir wurde einerseits echt schlecht, als ich das alles hörte, und Halli meinte dann, dass es für mich vielleicht besser wäre, ich würde erstmal woanders hinziehen, denn er glaubte das Appartement würde erstmal unter Beschattung stehen. An diesem Abend ging ich aus. Erst mal ins Cha Cha, dem Szenecafe, jedoch hatte ich mir bevor ich ins Taxi stieg natürlich doch etwas rein gezogen, und merkte, dass es was anderes war als das übliche Kokain. Auf einmal war ich total betäubt, richtig betäubt, und wollte nur noch alleine sein und abschalten. Ich fühlte mich toll und unantastbar, und die Welt kam mir auf einmal vor, wie eine riesengroße Seifenblase. Der ganze Kummer über alles war total weg. Alles war einfach, warm, gut und schön.

Obwohl ich so unwahrscheinlich betäubt war und mich danach fühlte alleine total in mich zusammen zu sacken und abzuschalten, ging ich weiter aus an diesem Abend, und bin glaube ich einigen Leuten wegen meiner Verfassung aufgefallen. Ich war mir einerseits im klaren darüber was passiert war, und war wirklich nicht sehr happy deshalb. Trotz der Betäubung spielte ich mit dem Gedanken, sofort erst mal wieder Hamburg zu verlassen. Ich fühlte mich absolut miserabel. Am nächsten Tag, in der mittlerweile total danebenen WG, ging es nach wie vor um die Kokstüte. Nachdem dieselbe aus dem Fenster geflogen, ist wegen dem Drama mit den Bullen, hatte 'Hallie' jemanden geschickt, um die Tüte zu "begraben". Nun stand aber die Frage im Raum, wann, und vor allem wer die Tüte wieder ausgraben sollte, wegen der Beschattungsgefahr vom Freund und Helfer.

Ich hatte noch miterlebt, wie nach der Sache mit den Bullen Leute auf einmal auf Heroin umgeschaltet hatten. Es wurde geraucht oder sich ein bisschen durch die Nase rein gezogen und jedes mal wenn das der Fall war, kam unter den Leuten derselbe Spruch, und der war: 'ab und zu sei o. k.—nur nicht oft oder regelmäßig . . . Ich jedoch war nicht der Meinung, und trotz der tollen Betäubung, diesem Super-Seifenblasen-Gefühl, fühlte ich mich hinterher wie Dreck. Der letzte Dreck. Gar nichts mehr wert. Und auch keine Rechte mehr.

Aus irgendwelchen Gründen, die mir nicht bekannt sind, kann ich nur versuchen es so zu erklären, dass jedes mal, wenn ich mir etwas rein zog, ein sehr schlechtes Gewissen in mir hoch kam. Der erste Gedanke war, egal ob bei Heroin oder hier und da noch Kokain, meine schon lange verstorbene Großmutter. Es war fast schon so, als ob ich ihre Gegenwart spürte, und das war sehr extrem. Unter anderem deshalb entschloss ich mich, wieder nach Paris zurück zu gehen, und buchte unmittelbar nach der Playboyproduktion, die dann im November 1887 raus kam, einen Flug. An dieser Stelle führten auch publicity Gründe mit zu meiner Entscheidung. Das alles nur, um später festzustellen, dass auch diese Produktion, welche geschmackvoll und harmlos war, was eine deutsche Karriere anging, umsonst war. Dies war ganz sicher nicht meine Schuld. Es war die Schuld eines grauen, öden Landes, mit noch öderen Mentalitäten, miesen Medien, und einem Filmmarkt, der aus Cliquen, Bürokratie und eher wenig guten Produktionen bestand. Mit sehr viel Disziplin und Entschlossenheit, und mit einem noch größeren Untergewicht als jemals zu vor, kamen in Paris weiterhin relativ viele Modell Jobs rein. Immer fuer print, denn laufsteg war nie so mein ding gewesen.

Viele der Agenten wie D. Galas oder John Luke musterten mich so wie andere Nachtgestalten, so wie der Sohn von Alan Delon, 'Anthony'.

Ich machte wieder das "Rum-häng-Ding" mit Natalia, täglich und zwischen Donnerstag und Sonntag morgen nächtlich. Aber es war immer das gleiche. Ich weiß noch als der Film "Frantic", mit Harrison Ford, in dem Roman Polanski Regie führte, raus kam, und das 'Bain Douche wurde für Dreharbeiten zum 'Blue Parrot' umfunktioniert. Ich hatte mich oft gefragt warum. Heute ist mir klar, dass die sich wohl nicht so ein mieses Image in Form von Drogenschuppen aufbauen wollten, obgleich es im richtigen Leben dort mehr Drogen gab, als wie jemals in irgendeinen Film rein gepasst hätten. So verging der Winter 87/88. Aber die Langeweile wurde immer schlimmer. Ich war sehr isoliert. Heute würde man meine allgemeine Verfassung damals einfach als Depressionen erkennen, aber damals gab es so etwas noch nicht, und deshalb war ich ja so wahnsinnig isoliert.

Heute sind Depression und Burn Out anerkannte Krankheit. Wie schön, es wird erkannt, dass kein Mensch wie eine Maschine funktionieren kann. Dass die Batterie irgendwann leer ist, wenn man sie nicht wieder auf füllt ...

So oft hatte ich mir gewünscht, Dolph wieder zu begegnen. Im Bain Douche sah man hier und da von David Bowie über George Michael und Bob Geldorf, und irgendwann selbst Grace Jones. Einmal sogar im Apocalypse Sylvester Stallone. wie auch schon zu vor erwaehnt. Nur Dolph sah ich leider nie. An irgendeinem Wochenende, an welchem ich ausnahmsweise mal nicht ausgegangen war, soll er in einer Samstag Nacht mal im Douche gesichtet worden sein. So kam dann endlich der Frühling 1988, und damit eine toller Auftrag in Marocco. Ich flog nach Agadir und besuchte Marrakesch, machte einige Fotos und versuchte etwas zu entspannen. Der nächste Job ging direkt danach nach Südfrankreich und machte einfach nur Spaß, weil es gut lief und ausnahmsweise mal ziemlich einfach war. Ich glaube im nach hinein das wenn man in monate carlo irgendwo ist, fuer einen moment wcnn man es zu lassen will die welt, egal wie schlecht es einem geht, ein bischen besser erscheint. mir ging es da nicht anders.

Zurück in Paris angekommen, kam dieser verhängnisvolle Tag, an welchem ich mir einen Beinbruch eingebrockt hatte. Ich stolperte über einen verdammten Einkaufswagen. Super—das ganze Kniegelenk war mehrfach gebrochen. Es waren schlimme Schmerzen, denn das Gelenk war völlig kaputt und musste operiert werden. Es wurden sogar Schrauben in das Gelenk operiert, welche mir heute noch im Bein stecken. Nach der Operation war das Bein immer noch nicht zu gebrauchen, und ein Heilungsprozess der sehr Lange dauerte war angesagt. Das Modelln war dann auf jeden Fall erst mal abrupt abgebrochen, demzufolge war es unnötig, mich weiter in Paris aufzuhalten. Ich war wirklich nur wegen der Arbeit da, naja—und um diesem Kokstheater—, oder besser gesagt Wandel zum Heroin, zu entgehen.

Auch in Paris wurden Drogen genommen, aber mit etwas mehr Stil. Zumindest war das mit dem Umfeld so. Und obgleich die Stadt von guten Seiten, in Form von dickem Bankkonto, ein nettes, kleines Appartement und Arbeit, schien es so zu sein, als hätte ich mich nie wirklich integriert. Ich hatte kein Privatleben und irgendwie konnte ich keine Menschen kennen lernen, und die französischen Männer waren für mich aus welchen Gründen auch immer nicht interessant.

Überhaupt kamen dann die Depressionen, unter denen ich sowieso schon in den Jahren davor immer wieder gelitten hatte, wieder. Erneut und diesmal noch viel stärker als je zuvor in mir hoch. Es kam zu dem Punkt, dass ich die Straße runter ging und ständig von einer sehr schwarzen Wolke befallen war.

Es wurde unerträglich. Sachen aus längst vergangener Zeit, von meiner Kindheit an über Erlebnisse, die ich als Teenager im Alter von sechzehn oder siebzehn Jahren, eingesteckt hatte, waren in meiner Erinnerung so lebendig jeden Tag. Aber kein bisschen Hilfe, wenn es darum ging Dinge zu verarbeiten.

Mit der Agentur war dann mittlerweile ein Riesenstunk, weil ich wegen der Verletzung nicht mehr arbeiten konnte, da ich ja am 'heilen' war, und wegen der Frage, ob ich denn versichert gewesen sei. Dann hatte mein Vater die Idee, eine Anwältin zu engagieren. Leider jedoch ohne Erfolg. Diese Frau war typisch deutsch und hatte uns nur ab gelinkt. ich glaube sogar es hatte eine abfindung gegeben, aber dieselbe hatte sie sich selbst eingesteckt.

Also flog ich zunächst einfach mal nach Barcelona, um vielleicht in absehbarer Zeit nach der Heilung dort zu arbeiten. Aber ich hielt es dort auch nicht lange aus. Das heilen ging auch nicht so schnell wie ich es wollte.

Nach Äußerungen der Hamburger Agentur, war 'Deutschland als Arbeitsmarkt gestrichen'. Trotzdem entschloss ich mich, wieder zurück nach München zu fliegen, warum weiß ich bis heute nicht. Als ich dort ankam hatte ich sofort eine relativ gute Agentur an der Angel, nur gab es keine Aufträge. Mittlerweile war mein Bein zwar relativ gut geheilt, aber natürlich nicht so perfekt wie vor dem Unfall. Bademoden also auch gestrichen. Es schien, zumindest was das Geschäftliche anging, die Sache würde nicht so Recht wieder ins rollen kommen.

Mittlerweile war dann das Playboy Magazin raus gekommen, und genau deshalb entschloss ich mich, zunächst erst einmal wieder aus zu gehen.

Wenn ich an jene Nacht zurück denke, erinnere ich mich an das meiste ganz genau. Allzu gut kannte ich München eigentlich nicht und es war wohl der Monat Juli. Ich genoss es tierisch, aus Paris weg zu sein, oder nicht in Hamburg zu sein, und endete in einem Laden Namens "Café Munic" an der Leopoldstrasse, von dem Flyer in der Agentur verbreitet waren, damit die frisch angekommenen models dort verkehrten. Der Laden war auf jeden Fall ziemlich populär und dort lernte ich Rob Pilatus kennen, der gerade dabei war, seinen ersten Plattenvertrag zu unterzeichnen und so kamen wir ins Gespräch.

Ich glaube, ich war beeindruckt von seinem Ehrgeiz und es kam mir so vor, als sei er tierisch intelligent. Was mir natürlich dann erstmal nicht klar war, war, dass es sich bei ihm um ein total männliches 'Groupie' handelte. Seine grünen Augen, die helle Mischlingshaut und eine Art von Intellekt, welchen wir im Gespräch teilen konnten, sorgten dafür dass wir erstmal zusammen rum hingen und uns beide mit seinem Freund 'Fab'—welcher mehr wie ein siamesischer Zwilling für Rob war—gegen 12. 30 Uhr mit einem Taxi in das 'P 1' begaben. Der Gang vom Café 'Munic' ins 'P 1' war wohl einer der wichtigsten Bestandteile der Münchner Szene damals. Dort angekommen erlebten wir einen tollen Auftritt von Helmut Berger, der völlig breit an der Bar stand und so viele Faxen machte, dass die Zeitungen noch Monate später darüber geschrieben hatten. Wir hatten uns echt tierisch beölt und mussten uns die Bäuche halten. Es war einer der wirklich netten Abende, von denen es wohl im Leben viel zu wenige gibt. Er war immer sehr gern unter leuten. Als wir redeten sagte er er haette grade mit einem richtigen produzenten etwas gemacht, und das es nun nicht mehr lang dauern wuerde bis er in die charts kommen wuerde, denn das wolle er. einige wochen spaeter waren die mags und charts dann auch voll mit ihm und fab. in der zwischen zeit wurde er jeden tag erfolkreicher, und ich nach wie vor unerfolkreicher, so kann man es glaub ich beschreiben und ich hatte paranoia, denn ich traute ihm nicht mehr, und dann liess er mich auch eiskalt sitzen. Ich weiss noch das ich danach einen echten knacks hatte, fuer lange zeit, aber in meinem schmerz schwor ich mir, du wirst schon noch dein fett wegkriegen und hoffte ihm alles moegliche an verwuenschungen hinterher. mein hirn war dann noch mehr in tausende von scherben zerplatzt, und er schien mir damals am ende ein sehr oberflaechlicher ausnutzer zu sein.

In den darauf folgenden Tagen hingen wir nicht mehr zusammen rum und gingen nicht mehr aus. Zunächst beeindruckte es mich auch so sehr, dass Rob was gegen Drogen hatte, und auch wie erfolgreich er war, aber dann schnallte ich schnell, dass er nicht zu mir stehen würde und seine ganze Mentalität wurde mir echt zu wieder. Dies überlebte die beginnende Freundschaft nicht und das zusammen mit der ganzen beruflichen Erniederung und Unterdrückung war dann, glaube ich, der Anfang von einem bestimmten Ende. Das Problem was dann entstand war, dass er jeden Tag erfolgreicher wurde und ich jeden Tag mit der Tatsache klar kommen musste, das es für mich keinen Erfolg mehr gab. Demzufolge gab es dann, was die Bekanntschaft oder Beziehung anging, schnell die ersten Spannungen.

Jeder Tag in dieser Stadt war irgendwie trotzdem, egal ob ich down oder gut drauf war, ein besonderes Geschenk für mich persönlich. Natürlich kann ich nicht für andere sprechen, aber es war eine Lebensrettung für mich dort zu sein. Aber keineswegs das Ende der Probleme. Denn irgendwie verfolgte mich ein Hass, den ich gegenüber meiner Mutter empfand. und vieleicht auch mir selbst gegen ueber.

Wegen allem was passiert war, weil sie uns verlassen hat. Weil sie kein Interesse an uns hatte. Nie. Nicht ein einziges mal. Weil es sie einfach nicht interessiert hat, wie es ihren beiden Töchtern geht. Diese Frau kümmerte sich lieber—selbstverständlich gegen Bezahlung—allen ernstes, als Tagesmutter, um die Kinder anderer Leute. so hatte es sich damals mal irgendwann heraus gestellt.

Dann war da diese merkwürdige Angelegenheit mit den Unterleibskrämpfen die noch später in meinem Leben eine gewaltige Rolle spielen sollten.

Ich hatte immer so große Schmerzen in der Eierstockgegend, dass ich fast zwei Wochen lang in jedem Monat überhaupt nicht zu gebrauchen war. Es war schlimm. So war das auch schon in den Jahren davor, und ich dachte es seien nur ganz normale Regelschmerzen, was mir zumindest auch schon die Ärzte oft gesagt hatten, und dass ich doch nur ein paar Schmerztabletten nehmen sollte. Tatsache war dann, dass ich unter etwas ganz anderem gelitten hatte und die Schmerzen immer unerträglicher wurden, aber das konnte damals leider kein Arzt feststellen.

. es geschah natürlich nichts gutes und dann war diese sache mit diesem nochmal Wiedersehen mit meiner mutter. irgendwann im Frühjahr.

So vergingen die Wochen und das Münchner Spießbürgertum unterdrückte mich mehr und mehr. Meine Stimmung wurde jeden Tag mieser und die

Erinnerung an das was mal war, war in meinem Kopf, sowie dieses Gefühl von totaler Hilflosigkeit. Meine Mutter die, so wie ich es herausgefunden hatte lebte jetzt auch zufaellig in muenchen. sie schaffte es nicht auch nur einmal, Unterstützung oder Wärme zu geben. Nein—ganz im Gegenteil—sie war kalt. Eiskalt.

Den Begriff Bedingungslos kennt sie nicht, genauso wenig wie den Begriff Lieben. Ganz zu schweigen von Beschützerinstinkt oder Opferung.

Aber das schien einfach nicht in ihren Genen zu liegen. Im Nachhinein habe ich bis heute nie wieder einen so desinteressierten und oberflächlichen Menschen getroffen wie sie. Es ging ihr hauptsächlich um diesen blöden Spießer, mit dem sie eine Lüge von Beziehung lebte. Somit hatten die existentiellen Probleme ihrer ältesten Tochter—mit denen sie „Oh Hilfe", ausnahmsweise mal konfrontiert wurde, keinen platz in ihrem leben.

Das war für sie einfach zu unbequem in ihrem Leben mit ihrem Kerl. Einmal kam da sogar der Spruch: Geh doch nach Hamburg, da hast Du doch noch einen Vater . . .

Durch ihren Kerl—für mich war in dem großen Haus ja kein Platz—hatte ich dann ein Zimmer zur Untermiete im Zentrum von München gefunden, bei irgendwelchen Neffen von ihm—Studenten—mit der Persönlichkeit eines Aschenbechers. Einmal kam ich nach einem langen Tag dort an und meine Fotomappe und das Playboy-Magazin lagen zerfleddert auf dem Küchentisch. Die hatten sich dann einfach nur über mich lustig gemacht

Und dann kam dieser Nachmittag von merkwürdigen Ereignissen.

Aus irgendwelchen Gründen hatte sich Stress angebahnt—meine sogenannte Mutter war genervt von mir. Ich störte wohl zu sehr in ihrer Lüge, welche die beziehung zu diesem mann war der von geschaeftsreisen nach hause kam, und sie sah lippenstift an seinem weissen hemden, und steckte dieselben fuer ihn in die waschmaschine.

Ich hatte sie angerufen und ihr erzählt, wie ätzend diese beiden Studenten-Typen von ihrem Macker wahren, dass diese meine Mappe zerfleddert haben und nur tierisch nervten und irgendwie eklig sind und das mit mir wohl ähnlich empfinden, weil die wollten dass ich schnell wieder ausziehe.

Die waren lächerlich kleinkariert.

Dann hatten sich diese Idioten wohl ins geheim schon bei ihrem Mann beschwert, darüber was ich denn für ein Mädchen wäre . . .

Und während ich mit meiner Mutter telefonierte nahm ihr Kerl ihr den Hörer weg und fing an mir zu drohen und mich unwahrscheinlich zu beleidigen.

Er produzierte Texte die so widerlich waren, dass mir fast die Galle hoch kam und irgendwie war es so ätzend, dass ich mich kein bisschen wehren konnte.

Dann kam irgendwann der Spruch, was ich für ein schäbiger und runter gekommener Mensch ich doch sei, und dass ich demnächst unter den Isarbrücken landen würde.

Aber das schlimmste an jener Situation war für mich, dass meine Mutter daneben stand und mich nicht verteidigt hat. Dann hatte ich aufgelegt. Ich war verbittert. Der Mutter-Macker hatte die beiden miesen WG-Studenten nochmal angerufen und mir wurde aufgetragen, ich solle die 'eine rosa Bluse', welche mir meine Mutter einige Wochen davor geschenkt hatte, zurück geben.

Es war sogar so, dass ich von der Telefonzelle nach oben ging und die kleinen Studentenwichser an meinem Koffer dran waren und die Bluse genommen hatten und dieselbe auf einen Bügel gehängt hatten. Dann stellten die mir die beiden schweren Koffer vor die Tür und einer sagte in wichtigem Ton, dass ich mir das falsche Schlachtfeld ausgesucht hatte, denn meine Schlacht war ja wohl verloren . . . dann verliess ich das apt. Freiwillig, aber die glaubten sie haetten mich rausgeschmissen.

„On the road'—Obdachlos. So fuehlte ich mich.

Das ist doch der Hit des Tages, von der Frau die einen geboren hat, völlig verleugnet zu werden. Ich fühlte mich sehr gebrochen.

Dieses schleppte ich lange, sehr sehr lange—solange, dass es mir heute noch hochkommt—wie ein Krebsgeschwür mit mir herum. bis viel spaeter ein element in mein leben kommen wuerde das mir gewaltig helfen wuerde.

Tja, dann hatte ich gerade noch genug Geld um mit meinem Vater zu telefonieren und mir eine Bahnfahrkarte nach Hamburg zu kaufen.

Es war warm und endlich herrlich, von dem einzigen Menschen, dem immer etwas an mir gelegen hatte, mit einer Blume in der Hand vom Hamburger Dammtor Bahnhof abgeholt zu werden. Eben meinem Vater.

Er freute sich natürlich einerseits wahnsinnig mich zu sehen, aber war dann wiederum auch tierisch verzweifelt und traurig, ich hatte ihm ja erzählt was passiert war. Obwohl das alles ja nichts neues für ihn war, insbesondere das mit „Mutter" Hildegard. Er war echt angewidert aber trotzdem konnte ich auf ihn zählen und ich wohnte in einem Zimmer bei ihm.

Dann wurde es allmählich Frühling, der Sommer kam langsam, und ich dachte mein Leben würde entsprechend etwas freundlicher werden.

Als, nachdem ich die „ZBF"—das steht für die frühere Zentrale Bühnen-, Fernseh—und Filmvermittlung, kontaktiert hatte, erhielt ich einen Wisch mit der Post, welcher sich als Bestätigung für eine Einladung zu einem Termin entpuppte, welcher noch folgen solle. Ich sollte drei verschiedene Stücke vorbereiten und spielen. Ein klassisches, ein modernes und eine dramatische Rolle. Ich war echt hocherfreut und wartete geduldig, während ich fleißig meine Texte studierte. Aber ich wartete und wartete und wartete . . ., weil dieser Termin einfach nicht kam. Ich wartete wirklich geduldig, und dann erlaubte ich mir sogar nach diversen Wochen dort anzurufen und nach zu fragen. „ja" wurde mir gesagt, „den Termin schicken wir jetzt raus".

Ich wartete weiter. Und rief wieder an. Das wiederholte sich, bis wir auf einmal fast Herbst hatten.

Die Antworten waren dann immer immer identisch: Der Andrang aus dem Osten sei ja so stark, denn seit dem Mauerfall gebe es ja soooo viele Anfragen von Schauspielern oder denen, die eben mal welche werden möchten und dass ich bitte noch etwas warten sollte.

Und dann wieder wartete ich und wartete und wartete nochmals so circa drei Monate. Aber es kam einfach nichts.

Es war wirklich lächerlich und befremdete mich, denn es handelte sich bei denen ja schließlich um eine Abteilung der Bundesanstalt für Arbeit.

Wieso, fragte ich mich immer wieder und wieder, hatten diese Bürokraten mir denn überhaupt erst den Wisch geschickt, dass es diesen Vorsprechtermin geben würde. Es ergab nicht den geringsten Sinn. Ich hatte mich so abgeschuftet.

Wer und was steckte hinter dieser Art von Schiebung, dieser Willkür, verdammt wie sollte es nur weitergehen, fragte ich mich dann ständig.

Ich hatte dann mal eine alte Bekannte angerufen und die hatte mir erzählt, sie hätte Otto auf einem Tennisturnier an der Rothenbaumschaussee in Hamburg angesprochen und ihn gefragt, was denn mit mir sei, und ob er wüsste wie es mir denn so gehen würde.

Er hatte dann geantwortet 'was willst du denn mit der? Die hat sich doch schon längst tot gekokst", und dass ich während der Dreharbeiten neurotisch gewesen sei . . .

Als die mir das berichtete wurde, wurde mir kotzübel und ich wusste nicht, was ich zu dieser Fiessheit noch sagen sollte. Der mann war schlimm. Ignorant und miess, so etwas von sich zu geben. wie konnte der nur . . . selbst waer es so gewesen, was ist bitte daran so komisch wenn ein junger mensch oder irgendein mensch am drogentod starb?ueberhaupt, seine ganze miessheit hatte sich auch immer wieder in diversen seiner witze wiedergespiegelt. In welchem zivilisiertem land konnte ein sogenannter komicker einen witz machen wie' die damen auf der reeperbahn werden immer juenger' einmal fragte ich eine, weiss deine mutter das du hier bist? . . . ha ha . . .

Mit was fuer einem ekel schwein von charackter hatte ich ueberhaupt einen film gemacht . . . so schiessen einem natuerlich die gedanken durch den kopf.

Ich war ganz schön sprachlos und enttäuscht. Und dann war sie einfach wieder da. Diese Verzweiflung und zur gleichen Zeit Hilflosigkeit und Diskriminierung.

Ich kannte ja die Art von Otto und wusste, dass er das gesagt hatte und ich fand das war wirklich eine tierische Schweinerei von ihm.

Was hatte ich diesem Mann nur irgendwann mal getan, dass der so ekelhaft über mich sprach. Durch das spielen meiner Rolle hatte ich doch auch die Werbetrommel für seinen Millionen-Erfolg mit getrommelt, und sollte jetzt so dafür bezahlen. Mit einer Popularität, welche fast so kurz war wie irgendein Rausch.

Ja, auch ich hatte Fehler gemacht, aber wieso hat dieser Mensch nichts anderes zu tun, als mich jetzt auch noch total durch den Dreck zu ziehen? Frage nach frage kam oft in mir hoch.

Es war einfach nicht richtig. Ich rief sogar einmal Doris, meine ehemalige Bookerin an und sagte ihr, dass ich versuchen wolle damit zur Presse zu gehen, und die sagte dann nur, so etwas ähnliches wie, dass mich sowieso niemand ernst nehmen würde. So hatte ich keine Wahl, als mich mit diesen ganzen Umständen abzufinden, und als die Monate weiter vergingen wurde es immer offensichtlicher, dass von der ZBF nichts mehr kommen würde.

Mein Vater wurde immer trauriger und fühlte sich am Ende so hilflos, auf eine Art wohl ähnlich wie ich selbst.

Oft fing ich an zu heulen und kam tierisch auf Depri, und irgendwann musste ich mich damit abfinden, damit dass das mit Deutschland nun mal nichts war und wurde oder werden würde.

So wurde ich immer wieder schön daran erinnert, dass es mein größtes Vergehen war, als zwanzig Jährige diesen Film und die damit verbundene Presse gemacht zu haben. Seit dem schön abgestempelt zu sein. Und dass mir Jahre später immer noch sonst was angehängt wurde, dafür sorgte die deutsche Mentalität und Kleinkariertheit, der ich unterlegen war. Anders schien es nicht.

In der Öffentlichkeit wurde schön schadenfroh gegrinst, und es war auch offensichtlich, dass das immer so weiter gehen würde.

Einen besonderen Sinn ergab das alles für mich nicht. Der film war zu diesem zeitpunkt zwei jahre alt.

Warum sind irgendwelche anderen Frauen aus dieser Branche, nehmen wir als Beispiel aus den USA, jemand wie Pamela Anderson—die einen Porno dreht, oder Lindsay Lohan—die besoffen durch Los Angeles fährt, und dadurch das Leben anderer gefährdet, genauso wie Paris Hilton—die sich so blöd benimmt, dass einige Runden im Knast folgen—die Göttinen dieses Planeten?dies war zwar jahre spaeter der fall aber es schien so zu sein als sei immer sonst was an frauen nur hoch gejubelt und andere verurteilt.

Aber ich war nur das allerletzte im Jahr 1992 in Deutschland. Nicht nur fallen gelassen von der ZBF ... Es war nicht mehr möglich, Fuß zu fassen—das ging auf keinen Fall. Und für den Rufmord hatte Herr Waalkes wohl selbst wunderschön gesorgt. Einen Buhmann gibt es immer—dieser war eben ich.

Ansonsten—so sehr ich es versuchte, trotz allem mit dingen weiter zu machen und Drogen frei zu sein und überhaupt an allem arbeitete—gab es für mich nicht nochmal einen einzigen Durchbruch. Das verdiente Geld ging weiter für Lebensunterhaltskosten drauf und wurde dann nicht zurück verdient. Dann schmiss mich irgendwann die Klages Agentur raus, und das half natürlich kein bisschen.

Die Münchner waren mit ihrer Art zwar nicht ganz so schlimm wie die Hamburger, aber auch im guten München war es extrem der Fall, dass es nur zwei Möglichkeiten gab und das war eigentlich ganz einfach: entweder man ist dabei, oder aus dem Geschehen ausgeschlossen.

Das Ende war dann, dass ich immer wieder aneckte so sehr ich auch versuchte nicht an zu ecken.

Es war eine sehr erniedrigende Zeit und es war wohl zum damaligen Zeitpunkt, dass mein Gefühlsleben mich wegen all dem persönlichen und beruflichen in ein totales Dilemma gejagt hatte.

Ich fühlte mich seit den letzten anderthalb Jahren, seit dem was nach dem Film folgte, so als wäre ich mit einem Maschinen Gewehr völlig durchlöchert worden, ähnlich wie ein zombie, dem der Kopf abgeschlagen wird aber der Körper noch etwas in der Gegend rum läuft. So kam ich mir langsam aber sicher vor wie ein Geist, ohne physisches normales dasein.

Es war eines der Grundprobleme unserer Familienangelegenheiten gewesen, das Dinge oder Probleme nie richtig oder positiv in Angriff genommen wurden. es war, im Nachhinein irgendwie nie richtig. Das erste waren immer nur Schuldeinreden und von diesen, was ja zur gleichen Zeit Unterdrückung und Demütigung bedeutete, die einem bewusst oder unbewusst eingetrichtert wurden.

Es war eine total konservative Schuldeinrede und so wurden Probleme behandelt, und genau das was ich seit frühesten Kinder Tagen hören musste, spielte hier wieder eine Rolle. Demütigung, Schuld, negatives, Unsicherheit, Verlorenheit und die Unfähigkeit Probleme oder Situationen als das was es war zu erkennen, und dann das Problem anzugehen ... so etwas gab es bei uns gar nicht, und mein ganzer Zerfall kam zu einer Zeit, nachdem mein Vater Jahre von Verlust, finanziell und emotional, mit gemacht hatte.

In gewisser Weise, und egal wie man es alles betrachtete, hatte ich einem Menschen, oder vielleicht sogar zweien, alles zu verdanken was es an Inkompetenz in meinem Leben gab. Diese zwei Menschen hießen Otto Waalkes und Horst Wendland, und dann zum Schluss stand ich so da weil ich kein gutes management und ein unstabiles elternhaus hatte., ich war von anfang an ein blatt im wind. Und auch zu der zeit, als ich für eines der größten Medien Spektakel der damaligen 'BRD' engagiert wurde.

Das ironische war damals, dass es egal war wie die Rolle gespielt oder nicht gespielt war, oder was an gutem oder schlechtem passiert war. Oder was bis zu dem Tag, als ich mir das erste mal ein paar Wochen später Heroin in die Venen spritzen ließ, an sogenannten Fehlern gemacht oder nicht gemacht hatte. Es geht darum, dass mir viele Versprechungen gemacht wurden.

Dann, in den letzten Wochen bevor ich München mit Schmerz und Verwirrung verließ, schrie und brüllte meine Seele nach Rache. Weil ja auch rob mich miess behandelt hatte und mich ausgenutzt hatte. So ein inneres Rachegefühl war es und ich schwörte, dass der Erfolg nicht bei Pilatus blieb. Das auch er irgendwann den Bach gewaltig runter gehen würde, und alles an Demut und Schmerz erleben sollte, was ich erlebt hatte, und zu guter Letzt auch noch seinetwegen. Und was Waalkes und Wendland anging wusste ich, dass es—zwar nicht wann oder wie—aber irgendwann—nochmal ans Licht kommen würde, wie sie an meinem 'Untergang' beteiligt gewesen waren.

Aus nur einem Grund allein war ich ihnen scheissegal, sie brauchten einfach ein Opfer in Form von negativ Publicity. Sie hatten das produckt, den film produziert, und ich war der fleischhacken gewesen.

Viele Versprechungen kamen, nicht weil es um Sympathie ging oder so, sondern unter anderem, weil die sich das leisten konnten. Man sagt ja schließlich nicht umsonst, dass gewisse Leute über Leichen gehen . . .

Was meine Person an ging, bei Wendland und Waalkes, wurde über eine lebende leiche gegangen, und ich war so kurz davor mich in eine echte Leiche zu verwandeln.

Außerdem konnte man an den Witzen von Waalkes immer wieder sehen, wie er seine Späßchen nur auf Kosten anderer machte und auch ein kleines Lästermäulchen war. er hatte die narrenfreiheit. schon immer gehabt.

Er ist einer der wenigen Menschen, die von so vielen nicht als das erkannt wurde oder wird, was er war, und wohl auch immer noch ist.

Ein, in Wirklichkeit sehr kleiner, und trotz seiner vielen Millionen, sehr sehr armer Mensch. eine art von teufel, denn christliche eigenschaften kamen nicht zum vorschein wenn man seine witze hoerte.

Ein Chamäleon.
Ein Manipulant.
Ein eiskalter Geschäftsmann.
Ein Freier auf dem Hamburger Kiez.
Und Deutschlands größter Komiker.

Besonders lustig war ja für die gesamte Gesellschaft sein Abtreibungswitz: „Adios Embryos". Sehr schön, für jeden, der über so etwas lachen kann. Respekt, Herr Waalkes—wie Sie über Leben reden . . . !
Ich kann es nicht fassen.

Nun ja—so begann der Spätsommer 1988, und es sollte so ziemlich der letzte Sommer sein, den ich in Deutschland verbrachte.
Ich hatte mich von einer Routine, von schönen Versprechungen und glänzenden Lichtern einlullen lassen. Ein dämlicher Fehler. Verdammt, verdammt, verdammt! Ich werde mich bis an meinen letzten Tag an diesen Bockmist erinnern—und das ist auch ganz richtig so—, denn diesen Fehler werde ich hoffentlich nie, niemals wieder begehen.
So befand ich mich in der Mitte meines beruflichen wirr war—oder Drama—und dem emotionalem verloren sein und schnallte gar nicht richtig, in was für großen Gefahren ich mich befand.
Somit musste ich mir eingestehen, dass es doch noch Überraschungen gab. Und auch das überraschte mich. Das Leben hatte immer noch ein überraschendes Maß an Wahnsinn zu bieten. Das war zwar ein abstraktes, aber trotzdem beruhigendes Gefühl. Das Leben ist also doch noch nicht ganz zu Ende . . .

Ich war in Hamburg und checke nach wie vor jeden Tag in der Hamburger Agentur ein und machte brav meine „go n see`s".
Die Kunden verhielten sich mittlerweile schon anders mir gegenüber, in gewisser Weise einfach nur irgendwie mies.

Komentar von natalie dannhausen—miller

„Ich begann meine Modell-Karriere ca. 1982 und kenne Ute seit 1983. Wir begegneten uns über Jahre hinweg immer wieder in Mailand und Paris, insbesondere zwischen 1984 und 1988. Ich hatte miterlebt, wie sie für den Otto-Film engagiert wurde und wie begeistert sie war. Und dann nach den Dreharbeiten, wie enttäuscht sie täglich war, obgleich sie in Paris dann noch circa anderthalb Jahre erfolgreich arbeitete. Ich redete und traf mich zu der Zeit täglich mit ihr und immer wieder kam eine Depression wegen dem Film aus ihr hervor. Die deutschen Kunden im Modellbereich verhielten sich dann auch wirklich komisch ihr gegenüber . . . Jeder, der Ute noch kennt kann heraus finden, dass es sich bei ihr um einen sensiblen, gutmütigen Menschen handelt, aber dass sie schon als junger Mensch auch sehr herausfordernd war. Ich hatte nicht verstanden, warum der Film nur kurz ein Erfolg für sie war und dann ein Leben von bereuen und Qual folgte. Damals kam mir auch in den

Sinn, wie sehr sie ausgenutzt worden war. Abgesehen davon hatte ich immer wieder erlebt, wie hauptsächlich in Paris und Mailand Agenten und qliquen von immer wieder den gleichen Leuten, gerade Kokain benutzen, um junge Mädchen zu manipulieren und zu kontrollieren. Ich weiß auch, dass Ute und ich Glück hatten, in der Branche gewesen zu sein, als es noch einigermaßen glamourös war. Es war damals schon schlimm, aber heute ist ein um ein vielfaches schlimmer geworden. Da geht ein ganz schöner Menschenhandel ab. Deshalb wollte ich in späteren Jahren nie als Booker in einer Agenturin paris arbeiten."

Kapitel 5

Metamorphose

Es war schon merkwürdig, wie sich immer wieder das Gefühl einschlich, dass es eine weite Welt für mich woanders gab. Das mit New York war eine Idee im Unterbewusstsein, doch zunächst befand ich mich immer noch im grauen Hamburg. Und meine Welt bestand immer wieder aus Ekel, der Versuchung sich zu betäuben und der Agentur, die ja mittlerweile auch keine mehr für mich war. Doris empfand so etwas wie Mitgefühl für mich, deshalb ging ich immer wieder dort vorbei. Dann ging trotz des schleppenden empfinden alles sehr zügig.

Es kam zu einem der letzten Treffen zwischen Halli, der Drogen WG und mir. Das ging so: ich kam dort an und Halli, aus dem mittlerweile schon ein voller Fixer mit Selbstverleugnung geworden war, witterte Geld von mir und versuchte mich zu verarschen, in dem er sagte, er wolle zu einer Party gehen und ob ich ihm 150,—DM geben würde, und das er mir das Geld später zurückzahlen würde . . .

Ich weigerte mich jedoch, denn ich wusste was er vor hatte und die Idee mein Geld weg zu geben war mir echt zuwider. Außerdem war es wirklich so, dass ich bis dahin vielleicht um die dreihundert Mark für Drogen ausgegeben hatte, und ein Großteil des verdienten Geldes nach wie vor für Unterhaltskosten drauf ging und nichts neues dazu verdient war. Das meiste an Drogen war mir ja immer irgendwo und irgendwann gegeben worden.

So wurde ich als miese Votze beschimpft und aus der Wohnung geschmissen.

Zunächst fuhr ich zu meiner Schwester, die irgendwo in der Innenstadt ein Zimmer hatte. Sie machte drei Wochen Urlaub in Griechenland und überließ mir für diese Zeit ihr Zimmer.

Ich war einige Wochen dort und zum Teil kamen wir sogar ganz gut miteinander aus, aber dann irgendwann gab es Krach.

Dann, als ich sofort eine eigene Wohnung gefunden hatte, zog ich eine sehr nüchterne Bilanz und die sah so aus: Meine Schwester war weg und wollte mich, wegen blöden Schwestern-Kabbeln, nie wieder sprechen oder sehen. Genau so wie ich psychoschaden von der kindheit davon getragen hatte, hatte sie es auch. nur in form von totalen psychosen. sie war unfahig konflickte ob gross oder klein aus zu balancieren, denn sie hatte nie gelernt zu argumentieren. Es war schlimm.

So landete ich wieder noch in einigen verschiedenen apartments.

Trotz meiner Verwirrtheit, was meine ganze Existenz anging, wollte ich meinen Vater nicht belasten. Ich wollte auch nicht, dass er mich in gewissen Zuständen so sieht. Es war also so, dass ich trotz des miesen Müllhaufens von Leben, auf welchem ich jeden Tag saß, zu fairen denken fähig war.

Trotz des Versuches gelang es mir nicht, das alles zu verbergen, und er kriegte das mit den Drogen mit . . .

Es kam natürlich auch zu wahnsinnigen Auseinandersetzungen und wir beide waren der ganzen Situation kein bisschen gewachsen.

Für einen Monat stieß ich ihn emotional verbittert von mir weg und hatte ihm sogar gesagt, dass ich ihn nicht wieder sehen wolle.

Nun hatte ich meinen verzweifelten Vater zum Teufel geschickt, wie meine Schwester mich. Freunde, die ich mal hatte, waren auch auf Droge, und Arbeit in dem Bereich der mir bekannt war, gab es nicht mehr. Die Londoner Agentur, bei der ich mich beworben hatte, hatte kein Interesse gezeigt. Dafür aber eine Agentur in New York. Und ich war mir dann im klaren darüber, dass ich weg wollte und auch musste.

Zunächst rief ich meinen Vater an und erzählte ihm von dem Plan. Er sagte am Telefon erst mal nicht viel dazu, aber als wir uns doch noch mal trafen, sah er mich immer wieder nur mit verzweifelten Augen und reichlich erschüttert an. Ich war aber dann schließlich genau so verzweifelt wie er, und es war fast schon so, dass wir beide inzwischen völlig kaputte Gestalten waren. Natürlich sagte ich ihm dann, dass ich nur für kurze Zeit dort hingehen wolle, um zu lernen und dann vielleicht wieder in Deutschland etwas erreichen zu können. Die Zeit würde wahrscheinlich schnell vergehen und ich würde wieder zurück kommen und alles würde wieder endlich gut werden.

Ich bin jemand, der selbst im tiefsten Unglück anderen noch einen kleinen Trost geben kann.

Es war einfach alles irgendwie so als müsse ich auf einem Drahtseil balancieren. Auf einer Seite sah ich den Erfolg und die Arbeit, die mal war, und auf der anderen Seite die Tatsachen mit meiner Umwelt und der mittlerweile, zumindest was die Deutschen anging, gescheiterten Karriere.

Die Betäubung durch das Heroin, der schlimme Unfall, welcher maßgeblich dazu beigetragen hatte, dass das ersparte Geld für Lebensunterhalt drauf ging. Da hatte sich jetzt in einem halben Jahr ganz schön etwas addiert, einen gewissen Standard war ich inzwischen ja auch trotzdem gewohnt. das schlimme war oder ob es verstandlich war, war das alles wenn ich auf h war immer verschwand, und ich total tranquilisiert von allem ein dasein hatte ... aber was fuer eins ... und wie herrlich egal es anderen war.

Nachdem ich noch einige male meine ehemalige WG, beziehungsweise Halli besuchte, stellte ich fest, dass ich dort auf keinen Fall, auch nicht kurzfristig wohnen wollte oder konnte. So vermittelte Doris von der Agentur mir irgendwo ein Zimmer. So gingen die letzten tage dahin.

Es war fürchterlich, und ich war von mir echt einerseits angeekelt. Aber es war auch der Wahnsinn. Heroin war immer das selbe;. „Es" kroch ganz langsam in mir hoch. Es begann in den Füßen und arbeitete sich langsam bis zum Kopf hoch, und dann war ich betaubt. Ich hatte auf einmal alles. Wärme, Geborgenheit und Frieden! Ich fühlte meinen Kopf und meine Füße, dazwischen war nichts mehr. Eine Diashow bunter Bilder folgte und mir war einfach endlich mal alles so richtig egal! Ich war das erste mal ausgefüllt und hatte eine Zufriedenheit in mir, welche mir bisher gänzlich unbekannt war.
Und dann kam dieser Nachmittag mit Martin.
Martin war ein sehr gutausehender Typ, nur leider total heftig auf Heroin.
Ich sagte ihm, ich wolle etwas kaufen, und er meinte er kenne jemanden der, viel auf einmal verkaufte', wir fuhren dann dort hin. Als wir in das Treppenhaus rein gelassen wurden, war Martin auf einmal zunehmend unruhiger, ich hatte das zuerst gar nicht geschnallt. Wir kamen zur Wohnungstür und ein Perser machte die Tür nur einen kleinen Spalt auf. Er sagte, er hätte eine Erkältung und hatte ein Tuch vor der Nase. Eigentlich kam es auch so rüber, das er wirklich nur `ne laufende Nase hatte. Er sagte auch immer wieder, dass wir nicht reinkommen könnten, und dass im Moment einfach nichts ab gehen könne ... Ich weiß noch, dass ich alles so hin nahm wie er das sagte. das andere perser ihn in der wohnung unter druck gesetzt hatten, und versuchten ihn vieleicht sogar umzubringen hatte ich nicht geschnallt.
Dann gingen Martin und ich das Treppenhaus wieder runter, aber Martin erschien mir sehr nachdenklich. Wir standen dann ein paar Minuten in dem Treppenhaus und nach zwei bis drei Minuten kamen ein paar Perser die Treppe runter und gingen an uns vorbei. Mir war das dann unangenehm, weil mich der eine so komisch musterte, zur gleichen Zeit irgendwie frech und neugierig aber auch böse und mies. Dann verschwanden alle schnell durch die Tür und

waren weg. Martin sagte mir, ich solle warten und ging nochmal zu dem Typen hoch.

Wenige Minuten später kam er wieder runter, allerdings um einige Nuancen blasser. Ich fragte ihn, was denn los sei. Er sagte dann, dass er bei dem Typ in der Bude war und es sei überall nur Blut gewesen, auch die ganze Badewanne voller Blut. Die 'Kanaken', die an uns vorbei gegangen sind seien „Giftleute" gewesen, warscheinlich, grossdealer, welche in der Wohnung bei ihm waren und offensichtlich nur voll auf den Typen eingehämmert hätten, und wir wären auch beinahe mit dran gewesen, wären wir nicht wieder sofort nach unten gegangen.

Ziemlich erschüttert merkte ich, dass alles was mit dieser Droge zusammen hing, nur mies und brutal war, und wahrscheinlich schon ein bisschen den Tod bedeutete, egal wie der suchtzustand war in welchem man sich befand.

Nur einige wenige Wochen später war Martin schon tot. Ich war sehr schockiert über diese Nachricht. Denn es war mir schon nach sehr kurzer zeit immer klar wie toedlich diese angelgenheit mit dieser droge war.

Früher hatte ich mir nicht so viele Gedanken über den Tod gemacht. Der Tod war ein Teil dessen, was verdrängt werden musste. Und das war mir fast gelungen. Es war mir besser gelungen als erwartet.

Es war mir fast gelungen, einen Strich unter die Vergangenheit zu ziehen und neu anzufangen. Als wäre das Leben ein leeres Stück Papier, das darauf wartete, vollgeschrieben zu werden. Anscheinend war es aber jetzt schon voll und hatte deshalb angefangen, auch auf die Rückseite durchzulecken. Und auf der Rückseite war all das Alte, all das was ich versucht hatte auszuradieren.

Es begann wie die Gegenwart von etwas, mehr nicht. Eine vage, diffuse Gegenwart von etwas, dass sich plötzlich in mir breitmachte. Auf eine gewisse Art und Weise war ich auch dankbar, nicht alle dürfen mit dem Tod an ihrer Seite wandern, bevor es zu Ende geht. Nicht alle bekommen die Möglichkeit darüber nachzudenken, was das Leben ihnen geboten hat. Andererseits wäre es vielleicht besser, Knall auf Fall zu sterben, ohne Reue, ohne Nachdenken, ohne Gewissensqualen. Einfach Mausetot auf der Straße um zufallen und wie eine zerschlagene Weinflasche weggefegt zu werden.

Ich war sehr angeekelt von allem und trotz meiner Schwäche und Verlassenheit dachte ich nach und versuchte, eine Lösung für meine momentane Situation zu finden und wusste, dass ich diesmal wirklich irgendwo anders hin musste.

Irgendwohin, wo es keine Verspottung wegen des Films und der Playboyproduktion geben würde, und wo das Verlangen nicht da war, sich aus Schmerz und langer weile diese Scheiß Droge rein zu ziehen.

Ich hatte dazu erstmal England in Gedanken, und kontaktierte dort einige Agenturen. Doch aus welchen Gründen auch immer, wollte die Agentur mich nicht. Das kam so ätzend rüber, dass ich dann auch auf keinen Fall versuchen wollte, mit ach und Krach dort hin zu gehen, so wie es vor langer Zeit mit Paris der Fall war. Eine andere Alternative bescherte mir mehr als mulmige Gefühle.

Eine Alternative, in einem Land so weit weg wie nur möglich. Weg von der ekligen, deutschen bürokratischen kleinkariertheit, und der Flucht in die Drogen. Diese Alternative waren die Vereinigten Staaten—und das erste Ziel dort hatte den Namen 'New York'. Der Zustand in welchem ich mich befand, änderte sich einfach nicht, was immer ich auch versuchte.

Dann ging ich nochmal bei Ottos Produktionsfirma vorbei und redete mit H. O. Mertens. Zufällig war Otto auch grad da. Er war sehr mies, ignorant und kalt mir gegenüber, was mich sehr verwunderte, da ich mir nicht im klaren drüber war, was ich diesem Mann im Endeffekt mal getan hatte. Denn dieser benahm sich so eklig mir gegenüber, dass ein Verstehen meinerseits unmöglich war.

Es war schon unwahrscheinlich deprimierend an dem Tag. Dann ging alles immer schneller. Ich fuhr zurück in meine Wohnung, buchte einen Flug nach New York und war sehr nervös. Es war Angst und Aufregung und Freude und alles auf einmal. Und dann folgte noch einmal eine Nacht von breit sein.

Und zwar diesmal wirklich, eine Unendlichkeit von breit sein. Nachdem ich mir meinen Stoff einverleibte, ging es unverzüglich, und zwar diesmal wie nie zuvor zur Sache.

Am naechsten tag ging es frueh zum flughafen und mir war vor nervositaet immer wieder sehr schlecht.

Dann wische ich mir mit dem Handrücken über den Mund. Mir war kalt, und es schien immer schlimmer zu werden. immer kälter. Meine Zähne klappern, ich fange an zu zittern. Und die Welt entgleitet mir langsam. Mein Herzschlag beschleunigt sich, schneller, immer schneller, und dann kehren die Geräusche in einer chaotischen Kakophonie zurück, wie ein gewaltiger Donnerhall. Ich friere immer noch entsetzlich. unter diesen umstaenden flog ich los.

Ich höre die anderen, doch ich kann nicht sprechen. Ich kann nicht verhindern, dass meine Zähne weiter klappern. Ich bin erstarrt. Die Welt ist erstarrt, und die Sonne ist ebenfalls erstarrt. Alles und jedes ist tot, tot oder liegt im sterben. Ich höre ein Geräusch und staune darüber, bevor mir bewusst wird, dass ich es selbst erzeuge. Es ist ein Kreischen. Es fängt ganz dunkel, tief unten in der Kehle an, dann steigt es auf, Oktave um Oktave, bis es schrill genug erscheint, um Glas zu zerbrechen. Es scheint nicht mehr aufhören zu wollen. Und dann wird alles um mich herum schwarz. Gott sei Dank.

Als ich wieder aufwache, bin ich entsetzlich müde und fange an, mich zu erinnern. Wodurch das alles so gekommen ist. Aber ich will doch immer noch nicht sterben. Ich ziehe mich wieder für einen Moment in mich selbst zurück, als der Schmerz mich zu übermannen droht. Eine stewardess war sehr lieb und brachte mir decken, denn ich hatte ihr gesagt das mir sehr kalt sei.

Wellen von Schmerz durchzogen mich, und ich verlor immer wieder für kurze Zeit das Bewusstsein. Alles war irgendwie surreal. So ist das mit den Drogen. So ähnlich ein ähnliches Gefühl, das man hat, wenn man mittags ein Nickerchen macht, das eine halbe Stunde zu lange dauert. Es tut nicht mehr gut, es bewirkt nur das Gegenteil. Es zerfrisst alles. Und hinterher ist es so viel schlimmer. Ein Gefühl von Eindringlichkeit war da, ich konnte es spüren. Doch es war weit weg. Ich bin müde. So verdammt müde. Ich will nur wieder zurück in die Schwärze, endlich alles hinter mir haben. Vorbei. Ich verliere erneut jedes Zeitgefühl, treibe zurück ins Bewusstsein und dämmere dann langsam wieder ins Schwarz hinein. Licht zu Schatten, Schatten zu Licht. Ich fing wieder an zu schreien. Ich hatte ein Gefühl, als stünde ich in Flammen. Alles wurde weiß glühend, verbrannte mich innerlich, und die Intensität war unerträglich. Wieder veränderte sich mein Zeitgefühl. Die Zeit verging nicht langsamer, ganz im Gegenteil. Sie verging schneller. Schneller, als ich denken konnte. So war die stimmung und das gefuehl welches ich beim flug uebern teich empfand.

Trotz der ganzen Aufregung war ich von einer so großen Trauer befallen, dass ich es weder physisch noch psychisch kaum aushielt. ich hatte angst vor der neuen welt und eigentlich hatte ich alles nicht so gewollt.

Die Augen von meinem Vater waren so traurig gewessen und ich hatte das Gefühl von Aufregung und Trauer, wie schon so viele male zu vor als er mich zum Hamburger Flughafen fuhr. Und ich hatte große Angst. Angst vor all dem ungewissen. Angst vor New York. der gedanke dort hinzu fliegen war mir sehr unangenehm. Ich hatte nicht den geringsten bezug zu dieser stadt, geschweige denn zu irgendeinem menschen dort gehabt. ich sagte mir, bevor ich losflug das es nur fuer eine kurze vorueber gehende zeit alles so sein sollte und das ich dann wieder nach deutschland zurueck kehren wolle, um ein normales leben fuehren zu koennen.

Ich sagte immer wieder positives und wollte dass dadurch der Abschied leichter war, und dann am Flughafen angekommen ging alles ganz schnell.

Ich verschwand durch die Kontrollen und flog erst nach Frankfurt und von dort aus rief ich meinen Vater nochmal an.

Ich merke, dass ich jetzt weinte. Dass ich schon die ganze Zeit über geweint hatte. Es sind lautlose Tränen, Ströme, die mir über die Wangen rinnen. Jetzt war ich allein auf der Welt. Ich hatte keine Wurzeln mehr, und es war unerträglich. Ich bemerkte nichts um mich herum. Mein Bewusstsein war ein riesiger, offener Raum. Mein Blick war in weite Fernen gerichtet. Weil ein dunkler Zug herannahte. Ich hörte ihn bereits. Rauch quillte aus dem Schornstein, dunkle Hitze und Schatten umhüllten ihn. es ist schwierig zu beschreiben. Der Zug des Leben fährt auf den Gleisen von Normalität und Wirklichkeit. Es ist der Zug, auf dem die meisten Menschen von ihrer Geburt bis zu ihrem Tod fahren. Er ist voll mit Lachen und Tränen, mit Not und Entbehrungen und mit Triumphen. Seine Passagiere sind nicht vollkommen, doch sie geben ihr Bestes. Der dunkle Zug ist anders. Er fährt auf Gleisen, die aus zerbrechlichen, empfindlichen Dingen gemacht sind. Und er ist voller Schreie. Irgendwann kam bestimmt auch mal die frage in mir hoch warum ich alles so erleben musste . . . und ob es einen grund fuer ein gewisses schicksahl gab.

Du starrst in die Dunkelheit, und in diesem Moment, wo du wirklich hinsiehst, ohne zu blinzeln, verstehst du. Ich habe den Maschinenraum des Zuges erreicht, und der Schock dessen, was ich dort sehe, schleudert mich hinaus. Jede Zelle in meinem Körper ist ein nicht enden wollender, ewiger Schrei. Der dunkle Zug ist schlicht der Ort, an dem ich in meiner Vorstellung allen die Maske herunterreiße. An dem ich hinsehe, ohne den Blick abzuwenden. So empfand ich diese station meines lebens.

Ein Teil von dir war nun so viel einsamer, wie es gewöhnliche Menschen niemals waren, und niemand kam zu mir in dieser Einsamkeit. Und nun stand ich der ankunft in nyc entgegen, und von vorn herein fuehlte ich mich nun so als haette ich mich gegen die gewohnte natur gestellt und mich auf einen anderen planeten gebiemt. Alles kam mir nun nur noch chinesisch vor. Der new yorker flughafen und was ich aus dem taxi auto fenster sah auf dem weg vom jfk nach manhatten. Der einzige gedanke den ich nun hatte war, fremd und kulturlos so kam mir nun alles vor. Queens, ny, und dann manhatten war ein schock. mehr wegen der menschenmassen und wie sie so drauf schienen, nicht nur wegen der wolkenkratzer und brownstonebuilings. Erst mal schnallte ich natuerlich nicht viel. Das wohn arrangement das ich glaubte mir aus deutschland organisiert gehabt zu haben ging erst mal total daneben weil der typ dem das apt. An der lower eastside bewohnte ein schwuler schauspielstudent aus der schweiss war. Es war total aetzend und dann folgte eine serie von wohnungs und zimmer wechseln und eventuell kam ich bei der geplanten agentur an aber alles war ein total anderes ball game als in europa davor mal in irgendeiner stadt. es dauerte schon einige monate bis ich so einiges und die basis dieser stadt ein wenig herausgefunden hatte, und was das nachtleben anging, es war das naechst beste das man mit einem totalen safari trip vergleichen konnte. Da war allein schon das rollenverhalten so anders zwischen den geschlechtern. Die wirklich populaeren laeden waren das au bar und der mk club. Mk war so etwas in nyc, was das, bain douche in paris gewesen war. im au bar wiederum war die konservativere, upper east side croud, und viele wallstreet fritzen. In meinem ersten jahr war ich oft downtown an der lower east side, dann zog ich, hoch an die upper east side.

Mit den drogen war dann erst mal schluss. ich wusste auch immer das das etwas gewesen war wo ich durch umwelt in hamburg hineingeboxt wurde. Ich war zwar fuer entscheidungen selbst verantwortlich, aber was otto und co. Bewusst oder unbewusst eingebrockt hatten war schon extrem gewesen in meinem fall.

Die neue droge war garnicht mal mehr nach erfolk zu suchen oder sich denselben versuchen zu erhalten, egal wie viel druck das auf einem aus uebte wie es ja in meinem fall bis her immer war, nun war es ein zimmer zu haben, das oft aus einem loch in einer wand bestand, und mit geld sich, wenn auch grade eben ueber wasser halten zu koennen. Alle hatten ueberall nur ein gespraechs thema und das hiess geld, geld und noch mehr geld.

Das war das einzige es nun noch zu geben schien an themen. Egal ob die stadt in dampfender sommer hitze fasst am dahin schmelzen war, denn so fuehle es sich im sommer in der subway und auf den avenues an, oder ob im winter die cisstuerme durch die strassenschluchten fegten, oder ob man umgeben von wallstreetfritzen sich ein dinner reinzog, oder sonstwas traumte oder an realitaet erlebte.

Es ging um money. Money und noch mehr money.

Was mich dann anging, so muss ich leider immer noch zu geben das die jahre 88/89/90/ hoechstwarscheinlich zu den bittersten, in armut versinkenden jahren meines lebens gehoerten. Ich weiss nicht was es war, aber es schien gradezu als sei alles nur noch struggel und es wuerde nie wieder aufhoeren.

Dann war da auch die sehr nervende angelegenheit mit der immigration. Ich hatte andauernd irgendwelche, workvisas, die von irgendwelchen agenturen gesponsored worden waren, und wenn es wie so oft aus was fur gruenden stunk gab und ich wieder mal die agentur wechselte, dann stand ich so gut wie ohne papiere da, denn diese wurden mir dann immer sofort aus rachsucht von jehweiligen agenturen gecanzelt. wenn ich heute auf diese gewissen episoden schau, dann weiss ich nicht mehr wie ich es alles packte und das naechste war dann das ich 5 jahre lang eiine illegale existenz in der derbsten stadt der welt hatte. die antwort auf, wie ich es geschafft hatte, ist vieleicht das ich jung war und stark war. Das die stadt einfach so irre kommerziell war, und das machte natuerlich auch den model und modemarkt so unheimlich ueberheblich und kreischend hart, und trodzdem waerend der haerte entwickelten sich freunschaften, kontackte und es war toll soetwas wie die letzten tage des legendaeren clubs, 'Regines' ' gekannt zu haben, der war glaub ich an der madison avenue gewesen, oder den, surfclub und der uppereast side noch mitbekommen zu haben, und so einiges anderes.

Oft beneidete ich leute die in reichen verhaerltnissen an der uppereast side aufgewachsen waren und in manhatten aus reichen behueteten verhaeltnissen kamen, und dann fand ich mich immer wieder in meiner armen gegenwertlichen situation und das einzige was ich hatte war ein ziel, armut, europaische vergngenheit aber immer noch gutes aus sehen.

Oft konnten leute die mein buch sahen oder welche meinetwegen selbst auf privater basis von mir erklaert bekamen was ich in deutschland erlebt hatte, nicht verstehen weshalb ich in deutschland so viel pech gehabt hatte und dann kamen oft dumme oder abfaellige sprueche ueber deutschland, denn irgendwie hatten leute oft ihre eigene meinung und waren auch schon mal dort gewesen.

Tag für Tag verkauften Menschen ihre Seele. Es ist ein Teil dessen, wie Gesellschaften wohl funktionierten. Schon immer war die Gesellschaft basiert auf den Verlust der Seele. Seit Äonen zwingen Gesellschaften ihre Mitglieder, sich an soziale Normen anzupassen. Um wirtschaftlich, sozial und politisch zu überleben, werden folglich Menschen gezwungen, das zu ersetzen, womit sie geboren wurden. In anderen Worten, sie müssen ihre Seele loswerden, um in der Welt, wie wir sie kennen, zu überleben. das schien in den USA so extrem zu sein aber ich glaube mittlerweile ist das ja ein neues, globales' fieber.

Und wieder sträubte sich alles in mir. Ich will das so nicht. Nicht so. Ich lasse mir mein innerstes nicht nehmen. Es muss doch auch anders gehen. Grundsätzlich verspreche ich nur, was ich auch halten kann. Im Nachhinein betrachtet ist das nicht viel. Und so realiesierte ich das das mit dem modeln einfach nichts mehr war. Es war die oberflaechlichkeit der branche die ich einfach nicht mehr vertragen konnte. und obgleich ich davon nach wie vor ueberzeugt war das ich immer noch, gross raus kommen, wollte um es allen zu zeigen, wuchs in mir eine totale energie gegen das modeln. Ich war zwar nicht stark, aber ich glaubte zur kenntniss zu nehmen das das modeln ein problem fuer mich representiert hatte, nur das ich mir garnicht darueber im klaren gewesen bin. Ich glaube das ich das modeln vieleicht nur gemacht hatte um es anderen zu zeigen, und was gut fuer ute selbst war, wurde von familienpech und sonstwas an ereignissen zu asche gemacht.

KAPITEL 6

Zurück in das Leben

ich lebte zur unter miete in einem mistigen apartment auf der uppereastside und bewohnte einen kleiderschrank der auch als untermieterzimmerdiehnte. undeinmalhatteichdorteinenmerkwuerdigen traum in einer langen kalten winternacht. ich hatte getraumt das ich 2 pferde hatte. einen schimmel und einen fuchs und das ich mich in einer kriegsschlacht befand auf einem gruenen feld. Ich sass auf einem der pferde. Es war so aehnlich wie waerend der ritterzeit und es lagen ueberall tote pferde und tote soldaten herum aber ich und die beiden pferde waren die ueberlebenden. als ich aufwachte begriff ich irgendwie nicht wieso ich soetwas getraumt hatte denn was hatte ich schon in manhatten mit pferden oder so zu tuhen ... mein leben bestand momentan daraus hungrig zu sein, unterbezahlt in einem restaurant zu jobben, mich durch die schauspielschule zu schlagen, und hier und da showroom zu modeln oder einen verhaermten printjob. meine wohnverhaeltnisse waren unter aller sau und mein erster winter war hart und ich wurde einmal sehr krank wegen erschoepfung, und sonstwas. Es kam mir fasst so vor als sei ich ein tier das von den brotbrocken guter menschen lebte und nichts anderes. Meine existenz war erniedrigent.

Ich hatte immer noch ein Gefühl in der Magengrube, das Gefühl von großer Trauer und großem Heimweh. Ich hatte zwar schon immer kurz in die Staaten gewollt, aber so richtig wohl fühlte ich mich nicht. Das schlimmste war, dass es schon ein Zwang war und ich kaum eine Alternative hatte. Stattdessen hätte ich in Deutschland nur weiter so richtig vor die Hunde gehen können.

Also erkundete ich neugierig die Stadt. So fand ich heraus, dass für mich das meiste in den „Stadtteilen" Upper east Side, welche das Gebiet von der 59. bis zur 96. Straße oesttlich des Central Park umfasst, und die Ecke East Village, einem Stadtteil im Bezirk Manhattan, die beste Gegend für mich war. Das ganze Verhalten von den Menschen und auch das Nachtleben waren völlig anders als ich es je in Europa erlebt hatte. Es gab auch keine Extrovertierte Szene. Alles war nur ein riesen Haufen von Liberalen, Künstlern, Fotografen, Bankiers, reichen und armen und allem was sonst noch dazwischen lag und einen traum der lebeserfuellung traumten.

Mit dem miesen Gefühl in der Magengrube, das jeden Tag da war und über Wochen und Monate anhielt, meinem Liebeskummer und dem Heimweh und eben allem an Vergangenheit was ich mir reingezogen hatte, hatte ich mir eine Modell-Agentur gesucht und machte brav „go and see und showroom Modelling", völlig im Schatten jener, die es weiter geschafft hatten als ich und von Haus aus her weniger am Bein hatten.

Mein Heimweh war so stark, dass ich mir vornahm, nach acht oder neun Monaten wieder zurück nach Deutschland zu gehen. Irgendetwas nervte mich einfach an den Amis. Ich war so ein sensibler, verträumter und ehrlicher Mensch und in New York hatte man es oder nicht, und alles dazwischen war falsch. Aber völlig allein zu sein war—immer wieder—das größte Hindernis überhaupt.

Während großer und kleiner Niederlagen und auch kleiner Erfolge, wie ein Modell-Job hier und da, besuchte ich die Schauspielschule von Herbert Berghof und Uta Hagen.

Herbert Berghof war schon sehr alt und „Sandy Dennis", welche einst die schöne junge Frau neben Elizabeth Taylor in "Wer hat Angst vor Virginia Wolf" spielte, unterrichtete „Scene Study", aber hatte leider Krebs. Sie war ein wunderbarer Mensch. Ich wünschte mir manchmal, ich hätte sie näher gekannt. Das letzte was ich von ihr sah, waren die afrikanischen Tücher, die sie sich um ihren, wohl von der Chemo, kahlen Kopf wickelte. Ein Jahr später war sie schon tot, wie auch Herbert Berghof.

New York ist das Land oder Staat oder die Stadt der totalen Extreme. Ab und zu begegnete man sogar Deutschen, aber leider selten jemanden mit Charakter. Die weigerten sich doch tatsächlich deutsch mit mir zu sprechen. Ich war dann immer sofort schnell weg.

Es folgten Probleme mit der GreenCard, denn in Deutschland konnte und wollte ich mich einfach nicht wieder unterordnen. Ich wollte keine tausende von Dollars ausgeben, um mir das Ding zu kaufen. Aber zu guter letzt musste ich mir doch eine anwaeltin fuer viel geld nehmen.

Der einzige Mensch der mich leidend liebte, war mein Vater in Norddeutschland, der zu mir stand, was auch immer passierte. Obwohl er auch nicht wirklich helfen konnte, versuchte er zumindest immer wieder mich aufzubauen. Mit ihm redete ich oft am telefon und ich rief ihn oft an.

Die familiären Probleme und die ganze persönliche und berufliche Vergangenheit hingen mir immer wieder wie Dreckklumpen an den Hacken und ich glaube auch, dass es nur wenige Menschen gibt, die verstehen können wie schwer es ist in ein anderes Land zu gehen und als Immigrantin weiter zu machen. Die Transformation einer Deutschen in das schwierigste und freiste Land der Erde, und dann gleich in der härtesten Stadt—New York—durchzustarten war etwas derbe, und vieleicht musste es so sein das man fuer soetwas garnicht normal sein konnte . . . . grins . . . So verging ein Jahr.

Nach einem sechzehn Stunden Tag ging ich zu Fuß nach Hause und mir tat jedes Gelenk weh vom ewigen laufen und rum stehen. mAN musste hier wirklich schaffen um leben zu duerfen.

Irgendwie war Nachts am Wochenanfang die Stadt an der Upper Eastside immer so friedlich.

Vor einem der vielen Cafés, die spät abends noch auf hatten, sah ich dann Claudia Schiffer mit einigen Leuten und beobachtete sie noch wie sie die Straße runter ging und watschelte wie eine Ente. Es war an irgendeiner ecke wo sich die madisonavenue mit einer nebenstrasse kreutzte.

Ich konnte nicht begreifen wie sie in der Modellbranche so viel gepackt hatte, mit dieser Art von Gang. Und da waren sie wieder, die viele Erinnerungen und die Tatsache, dass alles gute wie auch schlechte in der Branche wohl einfach nur entweder Glück oder Unglück war. Und ich hatte mich eben mit sehr viel Arbeit und Unglück abfinden müssen. Ob ich es wollte oder nicht.

Und wenn ich mit Schmerzen in den Beinen meine Runden drehte, war da dieser Ort downtown, wo sich der Broadway entzweigte wo man die Türme vom World Trade Center direkt vor einem aufgetürmt sah, und dort war dieses wahnsinns Restaurant, im hundertsten Stockwerk, 'Windows of the World' und als ich das immer wieder sah wusste ich, dass ich trotz der Misere mit Deutschland, der sogenannten Mutter und allem anderen, kein Verlierer war, sondern die Welt immer noch vor mir lag. in mehr als nur einem sinn fuehlte ich mich ganz, oben' im world trade center. und wenn ich heute auf die zeit zurueck blicke dann ist es be angstigend wenn man wohl darueber nachdenkt was die zukunft so bringt. denn haette mir damals jemand gesagt das diese tuerme irgendwann, 20 jahre spaeter in sich verfallen, in schutt und asche, dann haette jeder wohl diese voraus sagung nicht geglaubt.

Obwohl es immer noch schwer war, schaffte ich es in einem Restaurant Arbeit als Hostess zu finden, also nur die Gäste begrüßen, an ihre Tische begleiten und etwas betüddeln, und auch als Model immer wieder Jobs zu machen.

Als Belohnung, so fühlte es sich nach Jahren einer gewissen „Obdachlosigkeit", hatte ich mir dann gestattet eine Wohnung direkt an der 62. Street und Lexingtonavenue zu mieten. Diese war sehr preiswert fuer manhattenverhaeltnisse gewesen und ein totaler glueckstreffer. Ich liebte diese Gegend total. Es gab nichts schöneres als den Spätsommer und die schönen Herbsttage an der Upper East Side und dem Central Park, und überhaupt war es diese gewisse Welt die es möglich machte, wieder an mich zu glauben, und weiterhin hart zu arbeiten. manhatten war wie eine, circusvorstellung. die groesste show der welt,

Was mich auch immer wieder faszinierte war, wie die Amis alle immer nur in ihrer eigenen jeweiligen Traumwelt lebten, die daraus bestand immer nur alles zu wollen. **ich hatte oft einladungen. im sommer waren es tolle ferienhauser in den 'hamptons, im winter oft irgendwelche dinner dates mit wallstreet fritzen die es immer toll fanden ein model um sich herum zu haben.**

Ich blickte dann durch viele der Spiele die gespielt wurden und konnte mit vielen Leuten, möchte gern Agenten und Fotografen nichts anfangen.

Das einzige was mir dann imponierte war der Lifestyle der New Yorker und wie es einfach immer alles gab, was man sich nur wünschen konnte.

Der Winter, wenn es schneite, war sehr romantisch in Manhattan und der Sommer, wenn man an irgendeinen der vielen Sandstrände ans Meer kommen konnte, war auch einfach großartig. Von der 'Lower Eastside' rumhäng—und Ausgehszene hatte ich mich dann getrennt, und es zog mich irgendwie zur 'Upper Eastside.' Dort war es sehr europäisch und in den Clubs konnte man zum Teil ganz andere Menschen finden.

Trotz der Tatsache, dass ich einerseits ein neues Leben gefunden hatte, welches mir gefiel, wegen der neuen kosmopolitischen Droge die Manhattan hieß, war es—was Schwierigkeiten mit meinem Leben anging—jedoch keineswegs vorbei. Natuerlich interessierten sich maenner immer wieder fuer das, model'. Nur niemand mal fuer den menschen'ute'. Aber das war ich ja nun schon gewoehnt.

Nein, ganz im Gegenteil, gewisse Existenzängste, die wie kalter Regen auf mich nieder prasselten, wurden immer schlimmer.

Eine davon war die Arbeitssituation und das Visa, dass ich brauchte und welches immer wieder ab lief. Dann war mein Geld verdienen immer noch viel zu unregelmäßig um irgendwo eine relativ hohe Miete zahlen zu können und der ganze tägliche struggle erdrückte mich oft. Mit dieser Agentur war das auch so eine Sache. Man konnte einfach niemanden trauen, und wenn ich anderen erzählte, was ich in Deutschland mal alles gemacht hatte, die Beweise durch die vielen Bilder, Zeitungsartikel und das Playboy Magazin lagen ja vor, konnte sich niemand einen Reim darauf machen, warum ich so vereinsamt auf die andere Seite der Welt gekommen bin.

Es war hier fast schon so, als ob sich immer wieder viele Menschen erbarmten, was meine Person betraf, so wie es in Deutschland nie jemand getan hatte.

Dann kam die Idee es mal mit dem amerikanischen Playboy zu versuchen und meine Agentin hatte 'Maureen o Sullivan', Hugh Heffners Tochter, die den Laden—oder eher den Wolkenkratzer—in Chicago leitete kontaktiert.

Nachdem o Sullivan am internationalen Bord den deutschen Playboy, auf dessen Titelseite ich war, von vor zwei Jahren aufgetan hatte, folgte schnell der Flug nach Chicago. Ich wurde mit einer langen Limo in ein fünf Sterne Hotel chauffiert. Am nächsten Tag ging es erst in die Redaktion und es wurden Testaufnahmen gemacht.

Aber das Glück schien nicht auf meiner Seite. Der Fotograf war ein uralter Typ und ging mir tierisch auf den Geist.

Er hatte sogar ein paar mal vergessen, einen Film in die Kamera zu legen, während ich schon in Pose stand oder lag.

Das turnte mich unwahrscheinlich ab. Später hatte ich dann erfahren, dass der alte Knacker ein persönlicher Freund von Heffner war und nur deshalb dort arbeitete. Und so kam es, dass aus dieser Produktion nichts werden sollte.

Außerdem wollte ich ja auch den ganzen Mist, der mir in Deutschland passiert war, nicht wirklich noch einmal erleben und ich hatte einfach Angst, dass das ganze negative sich wiederholen würde.

Zum damaligen Zeitpunkt wurden Models oder Schauspieler in den USA, ob in den Anfangsstadien einer möglichen Karriere oder einer schon fortgeschritten, einfach mehr gefördert.

Irgendwann kurz vor der Jahreswende 1989/1990 hatte ich meiner Agentin dann von dem Ding mit Dolph Lundgren erzählt, und diese hatte dann doch tatsächlich den Agenten von dem Typen in Los Angeles angerufen, welcher sagte, der 'Held' sei in NYC. Abends klingelte prompt mein Telefon und er war dran. Die Konversation war zunächst eher kühl und irgendwie war er ganz anders als damals in jener Nacht, die wir zusammen verbracht hatten. Einmal hatte er mich ja auch vor den dreharbeiten aus los angeles in paris angerufen.

Eine Äußerung von ihm die ich komisch fand war, als wir uns verabredeten für den nächsten Tag und ich ihn fragte ob er mich abhohlen wollte, ob ich glaubte dass er in einer großen Limosine vorfahren würde. Ich wusste irgendwie nicht wie ich mich verhalten sollte und sagte zunächst gar nichts, und war auch ein wenig fast eingeschüchtert und auch unsicher.

Der tag an dem die Helden starben.

Der nächste Tag war mal wieder ein wunderschöner, knuspriger Herbsttag in New York. Die Blätter an den Bäumen im Central Park waren so unglaublich bunt und schön und meine Agentin hatte mir die Haare gemacht und es war große Aufregung, genauso wie eine leichte Verwirrung in mir. Dann nahm ich ein Taxi und fuhr in das Restaurant 'Isabellas', das irgendwo an der Upper Westside war.

Aber da war dann trotz allem dieses Problem, dass ich alles was ich seit der Bekanntschaft in Hamburg im Januar 1886 erlebt hatte mit mir herumschleppte und ich mich beladen und unsicher fühlte.

Unsicher vor allem, weil ich fand dass, ich ein niemand war—oder mich einfach nur so fühlte—und mein Leben irgendwie nur aus struggle bestand.

Als ich den Laden betrat saß er an der Bar und lächelte zunächst.

Aber ich war so verunsichert und dann erwachte ich ziemlich unsanft und schnell aus einem Traum.

Wir setzten uns an einen Tisch und redeten oberflächlich. Dann zeigte ich ihm meine model Karte und sagte, dass ich auf der Schauspielschule war und das alles so fürchterlich schwer war. und dann sagte ich mit meiner unerschütterlichen Ehrlichkeit, dass ich es alles irgendwie nicht aus hielt und ob er mir denn nicht irgendwie helfen könne, Kontakte knüpfen vielleicht, damit auch ich mal langsam voran komme.

Was dann folgte überraschte mich so sehr, weil es einfach keinen Sinn ergab.

Dass dieser Mensch auf einmal so unsicher und gemein wurde. Er feuerte die Karte mit den Fotos über den Tisch und sagte mir, ich sei neurotisch und er wolle nur von Menschen umgeben sein die 'happy' seien und dass er mir nicht helfen würde. ich konnte es kaum fassen und waehrend ich immer noch heraus zu finden versuchte weshalb er so war und was ich falsch gemacht haette, war am ende wenn man es mal richtig betrachten will im realistischen sinne fasst schon er der neurotische.

Es war so turbulent am Tisch, dass er mit einer schnellen Unterarm Bewegung sogar sein Wasserglas umschmiß . . .

Daraufhinn stand ich einfach auf und er auch, wir bezahlten und als wir aus dem Restaurant raus waren sagte ich: ich verstehe dich nicht, aber eben hat sich wohl herausgestellt, dass ich einen Charakter habe, und du leider nur Muskeln . . . Da erwiderte er 'you think so . . .' und haute beleidigt ab. Hätte ich doch meine Zeit nur mit einer Parkuhr verbracht—zwischen den beiden bestand an diesem tag nämlich leider kaum ein merklicher Unterschied. Ich verstand nicht weshalb er so ekelhaft und launisch war. Ich hatte ihm nichts getan. war die realitaet des lebens zu viel fuer ihn.?wollte er wenn dann nur angehimmelt werden ? aber na ja, was fuer einer blendung ich hinterher gefuehlt und bewundert hatte . . . nur um 5 jahre spaeter so etwas zu erleben.

Auf dem Weg nach Hause und auch noch Tage danach fragte ich mich, was ich nur falsch gemacht hatte und war schon sehr frustriert.

Automatisch gab ich mir die Schuld, obgleich ich zu dem Schluss gekommen bin, nichts falsch gemacht zu haben und fragte mich nach wie vor immer wieder ob irgendwann, irgendwo etwas nochmal richtig abgehen würde was mein merkwürdiges Leben anging.

Inzwischen war schon der Winter mit Macht hereingebrochen. Den gesamten Januar über hatte ich unter einer Bleiglocke aus dichten, tief hängenden Wolken gelebt. New York war wie ein riesiges Kühlhaus, das Wetter tag ein, tag aus so trübe.

In der eisigen Luft konnte ich meinen Atemhauch sehen, während ich etwas vom Schnellimbiss aß. Als essbar konnte man es zwar nicht wirklich bezeichnen, aber wenigstens war es heiß. Ich war fast so durch gefroren, dass ich meinte, man müsse mir gleich meine Extremitäten amputieren. Aber es ging weiter und wieder zurück zu den täglichen 'go`n sees', einem ab und zu mal unter bezahlten Fototermin, Armut, ausgehen und die Tatsache, dass man weder ein Zuhause hatte noch jemand war. mir kam vieles sehr leer vor. Und ich wusste auch nicht mehr wo nach ich noch suchen sollte, und was noch einen sinn ergeben sollte.

Irgendwann wurde mir das alles zu viel und so ich fand einen Job als Kellnerin in einem bekannten Restaurant und Nachtclub, welcher von der Mafia 'gedeckt' war. Dieser war einfach besser bezahlt als nur die Gäste zu begrüßen. Es fragte niemand nach der GreenCard oder irgendwelchem Visascheiss. Dort arbeitete ich dann fast zwei Jahre lang und das gelegentliche modelln wurde mir dann mehr und mehr zu wieder, weil ich die Oberflächlichkeit der Industrie einfach nicht mehr ertragen konnte. im **grossen und ganzen redeten die mitmenschen in nyc mir immer komplimente zu, und sie konnten nicht verstehen weshalb ich in deutschland so viel pech mit meiner karriere gehabt hatte, und die bruchteile von dem was alles passiert war kam allen wie eine horrorgeschichte vor, naja das war es dann ja auch gewesen.**

Der Schlamassel in Deutschland war passiert, weil ich nicht wusste wer ich war, was ich war oder was ich wirklich wollte. Nun aufeinmal fing ich an total viel ueber mich heraus zu finden. So etwas wie, das ich empfinden konnte, und das ich tiere mochte, und das ich geliebt werden konnte, und das ich viel liebe fuer tiere empfand. alles, so realisierte ich es nun was auch oft von haus aus runter gemacht wurde in der vergangenheit waren meine talente und wer ich war. Es war alles noch immer sehr unklar und voller wirrer Gedankengänge. So voll und durcheinander wie die Menschenmassen an einem regnerischem Nachmittag auf der 5 th Avenue, oder der 6th Avenue oder Madison Avenue, um nur einige der Gegenden zu nennen, wo ich mich täglich aufhielt.

Und weil ich mich dort aufhielt fielen mir immer wieder die Menschen auf, die vor Pelzgeschäften gegen den Pelzhandel protestierten und sogar Fernsehbildschirme aufbauten und Videos zeigten, wie fürchterlich die Tiere gequält wurden. Erst ein kurzes, qualvolles Leben um dann brutal abgeschlachtet zu werden.

Zunächst fand ich das alles verwirrend. Ich glaube sowieso das man alles in New York reichlich verwirrend findet, egal was es überhaupt ist. Die Stadt macht einen irgendwie paranoid, und ich war da keine Ausnahme.

Dann war da dieser Frühsommer Abend und ich saß nur so aus einer Laune heraus am Straßenrand und meine Gedanken waren überall und zu gleich nirgends und da bemerkte ich eine Gruppe von Hunden.

Es waren alles obdachlose Hunde und sie sahen fürchterlich verwahrlost aus. Ich war ganz schön schockiert, denn irgendwie war ich nie zuvor leibhaftig mit so etwas konfrontiert worden. Natürlich wusste ich von Tiermissbrauch und von Tierheimen, aber es tat mir besonders Leid um eine beige Labrador Hündin, die fasst überhaupt kein Fell mehr hatte.

Ich versuchte auf sie zu zu gehen und sie irgendwie zu locken, aber sie hörte natürlich nicht und so ging das ganz schön lange. sie war total misstrauisch und hatte angst denn menschen hatten sie wohl, wo auch immer aufgetaucht, getreten oder weg gescheucht. So etwas setzte sich natuerlich in ein tier herein und das machte dem wesen nur noch angst. Sie humpelte auch und war an der huefte verletzt. Sie hatte an vielen stellen ihres koerpers fasst kein fell.

Nicht unbedingt der geduldigste Mensch, schmiss ich mich einfach auf sie drauf und 'stopfte' sie zunächst auf den Rücksitzes meines Autos.

Ich wusste gar nicht so recht wo hin mit ihr und kaufte erstmal Hundefutter und Spielsachen und am nächsten Tag brachte ich sie zum Tierarzt.

Dort stellte sich heraus, dass sie sehr krank war und die Hautkrankheit hieß 'Räude'. Dann hatte sie noch Würmer und alles mögliche an „Straßenhund—Leiden" und der Arzt wollte sie zur Beobachtung behalten. Ich fuhr dann erst mal wider alleine nach Hause und circa drei Stunden später bekam ich einen Anruf, dass es der Hündin nicht gut ging und sie Panik hatte und verbreitete und es denen so vor kam, als würde sie mich vermissen.

Dann hohlte ich sie wieder ab und das Resultat war dann, dass diese Hündin für die folgenden neun Jahre wie Klebstoff an mir klebte.

So vergingen dann weitere Monate und dann lernte ich ein Mädchen Namens Chantall bei der Arbeit kennen, die aus Houston, Texas kam und in New York war, um es hier auch als Schauspielerin zu versuchen, wie wohl jeder zweite Mensch in dieser Stadt. Während einem unserer Gespräche erzählte sie mir von Texas und ich hörte gespannt immer wieder mit Begeisterung zu.

Und die Neugier diesen Staat selbst mal auszuchecken wuchs dann jeden Tag mehr in mir. So kaufte ich mir irgendwann im April 1993 ein Flugticket und flog nach Houston. Das tolle an der tierliebe, von welcher ich mir nicht im klaren gewesen bin das ich sie ueberhaupt hatte, war, das ich realisierte das ich gebraucht werden konnte. Und das ich recht auf anerkennung hatte, und diese auch bekam. Wenn dann eben durch soetwas wie ein tier. es war eine verwunderung und ueberaschung, das ich offensichtlich ein talent hatte von dem ich nichts gewusst hatte und das war das ich mit hunden und katzen in der lage war zu komunizieren. Alles was mein vater unterdrueckt hatte, oder gewissen dingen nie bedeutung zu gewand hatte war ein neues talent und im mexicanischen, wie ich es jahre spaeter mal gehoert hatte, sagte man in manchen regionen das ein mensch der mit tieren auf so eine art und weise verbunden ist' das geschenk des reinen herzens hat'.

Zunaechst jedoch war es toll fuer mich das ich mir eine art ersatz familie durch die tiere geschaffen hatte und eine neue identitaet hatte, und dieses ganze geschehen diesem leeren mist mit dem modeln eine fuellung gab. ich fuehlte mich aufeinmal nicht mehr leer.

Zu diesem Zeitpunkt hatte ich von New York City und allem was mit dieser Stadt zusammen hing, und auch von allem, was mir in diesen fünf Jahren in denen ich nun dort gelebt hatte, gestrichen die Nase voll. 'hire and fire'. So schnell, wie man ein Arbeitsverhältnis bekommt, kann man es auch wieder los sein. Alles schien nur noch brutal und so als sei man ein sklave, nichts anderes. Das ging mir schon auf die nerven. ich war kein mensch mit goldenem loeffel gebohren, und in dieser stadt musste man so eine voraussetzung haben, oder man war eine ratte in der u bahn. So simple war es. ich kann mich noch an einen charackter erinnern der keine beine hatte und mit einem scateboard immer nur durch die wagons einer subway fuhr und bettelte. Nun hatte ich zwar all meine glieder, aber ein bettler war ich auf jeden fall gewesen, nur auf eben andere art und weise.

Einerseits war ich sehr davon überzeugt, dass es im Leben noch mehr geben sollte als dieses frustrierende rennen des Überlebens, dass in dieser Stadt einfach zu schlimm war. Es sei denn, man war tatsächlich auf der totalen Sonnenseite des Lebens geboren worden. Die armut und der struggle waren immer wieder bemerkbar, und natuerlich gab es frohlocken, oder gefahren an jeder ecke. Einmal hatte ich mit dem gedanken gespielt zu einer escort agentur zu gehen, und damals war das alles zwar am rande irgendwo, jedoch war es eine abteilung der, verbotenen frucht'. So kann man es wohl aus druecken. Die sehr luxuriose agentur hatte kunden wie mitglieder der saudi arabischen koenigs familie, die tussies, via concorde nach paris einfliegen liessen und fuer ein bumswochenende 15. 000 dollar plus klamotten kaufen fuer die maedels ausgaben. Einmal hatte mich soetwas neugierig gemacht, aber dann wurde doch nicht in den apfel gebissen. die scheich—gang hatte sich fuer eine fasst zwei meter grosse rothaarige tante entschieden und nach einem weiteren gescheiterten versuch der ein hotel zimmer, einen reichen labber, und das ich sofort nach betreten des zimmers schon wieder am fluechten war beinhaltete, schloss dann das kapitel denn ich war der meinung das ich das moralisch trodz der 400 oder 800 dollar honorare nicht vertreten konnte. Aber man muss auch betonen das es mir finanziell sehr schlecht ging, um so sachen zu probieren.

Meinem Vater hatte ich von der idee mit houston erzählt und er war natürlich sehr verwundert und überrascht und realisierte, dass ich dann noch 'weiter' von Deutschland weg sein würde. Demzufolge wünschte er mir wieder mal das Beste. wir waren ja immer woechentlich im kontakt, jedoch war es nie so gewesen haetten wir in der selben stadt oder so gewohnt. ich war ja zum besuch zwei mal wieder in deutschland gewesen, aber beide aufenthalte waren nicht sehr happy gewesen. ein paarmal hatten wir und schon wieder gesehen. Nur bei diesen 2 malen blieb es dann.

KAPITEL 7

das regenbogenland.

In dem Moment wo ich dann über diesen Staat texas war und auch schon den Anflug auf Houston vom Flugzeugfenster aus sah, war ich ziemlich positiv beeindruckt. Zum ersten mal fand ich alles sehr aufregend. die menschen waren alle fuer die verhaeltnisse zu vor sehr nett. Fasst zu nett, so empfand ich es.

Die Natur und die so andere Vegetation und einfach alles sah so groß und weiträumig aus, und trotz der Tatsache, dass alles eben westlicher war als wie ich es zunächst immer nur hatte, gab es tolle Plantagen ähnliche, uralte Handelshäuser und Palmen und Kakteen, und auf einmal sah ich den Himmel und dessen Farbe und dann war dieses Gefühl einfach irgendwie da, dass ich Houston gegen New York City auf jeden Fall eintauschen sollte.

Besonders faszinierend fand ich, dass die Mietwohnungen so riesengroß und billig waren und überall waren nur Swimmingpools mit Liegestühlen und alles war total relaxed.

Natürlich trauerte ich New York einerseits hinterher, weil irgendwie kam es mir so vor als hätte ich die normale Welt gegen eine Märchenwelt eingetauscht und realisierte das, in dieser Märchenwelt, was irgendwann nochmal modelln oder Schauspiel anging, niemals etwas laufen würde.

Und dann sagte ich mir immer für lange Zeit, dass ich nur ein oder zwei Jahre in Texas bleiben wolle, und dann wieder zur Ostküste zurück.

Einmal traf ich sogar jemanden der, auch vom anderen Ufer nach Texas unterwegs war und der sagte, fünfzehn Jahre vorher hatte er sich das auch immer vorgenommen—aber er sei nie wieder aus Texas raus gekommen.

Es war wieder das alte neue Spiel. Appartement suchen, Job suchen und die neue Welt erobern. nur zum ersten mal war alles ganz leicht. meine katzen und so weiter hatte ich auch mit eingeflogen.

Auf jeden Fall folgte dann ein angenehmes und arbeitsreiches Jahr und mit dem Geld verdienen war ich fasst so gut wie in einstigen Model Zeiten.

Aber wieder begann langsam eine ganz schön große Misere meines Lebens, was ich wie immer erst später erfahren sollte.

Ich lernte bei einem meiner Restaurant Jobs einen Mann kennen. Dieser Mann hatte den Namen Les. Es fühlte sich zuerst einfach nur gut an.

Er war ein Pferdetrainer, der auf der Pferderennbahn in Houston ein Rennpferd hatte. Er war groß und machte einen ernsten Eindruck. Sein Gesichtsausdruck beinhaltete Freundlichkeit und Hoffnungslosigkeit auf einmal. Er wirkte, als hätte er die Menschen bis in ihre tiefsten Abgründe kennen gelernt und deshalb zu der Überzeugung gelangt, dass man sich doch am besten von ihnen fern hielt. Ich hatte das Gefühl, endlich einen Verbündeten gefunden zu haben. und dann fand ich den hintergrund mit den rennpferden natuerlich total interessant und all das zusammen war der anfang vom ende. warscheinlich war das am ende wohl das was mich vieleicht sogar ueberhaupt interessiert hatte, und vieleicht war ich mir selbst gegenueber nicht ehrlich gewesen

Somit hatte ich zum ersten mal eine erste, längere und festere Beziehung, welche auch anhielt, zumindest für ein ganzes Jahr. Zunächst dachte ich, es sei alles so wie immer und fand die Bekanntschaft unter anderem auch sehr sinnvoll, da wir beide Pferde hatten. Männer die mit Tieren arbeiten, können ja in ihrem Herzen keine schlechten Menschen sein . . . so dachte ich, was total naiv von mir gewesen war. Die zwei pferde die ich mir selber angeschaft hatte waren noch so jung und ich hatte die gelegenheit war genommen sie zu kaufen weil ich eins in der zeitung angeboten gesehen hatte, unglaublich billig und das andere war eine junge bildhuebsche egyptische araberstute, ein schimmelchen, einfach wunderschoen. es war unglaublich was in diesem staat alles mit tieren und eben pferden so abging.

Obwohl mich schnell gewisse Dinge an dem man dann nervten und regelrecht störten, dachte ich mir nichts dabei und agierte nach dem Motto, seine Fehler—oder vielmehr die sagen wir mal, unschönen Eigenschaften—einfach zu übersehen.

Ich war zum ersten mal in einer beziehung die mir selbst gegenuber eine anerkennung gab, und das waren alles fehler gewesen. und zunächst war es einfach nur eine Tatsache, dass wir gut miteinander auskamen, so lange es sich um Pferde handelte. Ich dachte, es würde sich alles fügen und, dass wir einfach ein gutes Team werden würden. Und das ich nicht mehr allein sein wuerde. das alles zusammen waren ignorante fehler gewesen, denn als er nach einem monat seine wahren farben zeigte, war es schwer von ihm weg zu kommen. Ich war einerseits so naiv gewesen, und das noch mit dem fackt das ich garkeinen halt mehr hatte was familiaeres anging. Und das war ein disaster. das ich selber mit zwei jungen pferden endete, kam so;

Ich war immer angetan davon, dass in der Tageszeitung alles mögliche an Tieren angeboten wurde und sah eines Tages eine Annonce, dass jemand ein einjähriges, Fuchs farbiges 'Quarterhorse verkaufen wollte und zwar für schlappe vierhundert Dollar. Dort fuhr ich dann sofort hin und ohne großartig darüber nach zu denken kaufte ich das Babypferd, stellte ihn einfach zur Pension irgendwo unter und war jetzt also auch noch Pferdemama. Ich gab ihm den Namen „Shadow". ich dachte noch so das waer mal eine abwechslung . . .

Einerseits fand ich meine neue Rolle echt toll—denn mein Leben schien nun ausgeglichener und voller. Ich hatte nicht mehr nur Verantwortung für mich selbst. Der Frust über alles was mal war schien sich nicht mehr so riesig vor mir auf zu bauen, wie sonst. Und auch der ewige Schlamassel—was in meinem Leben ja auch immer bis jetzt der Fall gewesen war—was irgendeinen Kerl anging, war auch nicht mehr so schlimm.

Stattdessen sah ich immer mehr die fürchterliche Tiermisshandlung in Texas.

Egal ob es Hunde waren, Katzen, Pferde oder was weiß ich nicht noch.

Von zehn Tieren hatten mindestens drei keinen guten Besitzer, aus jedem stall. der sich richtig um das Tier kümmerte und das selbe zog dann fürchterliche Konsequenzen.

Es war ein ganz schöner Nervenkitzel, denn jemand wie ich stand dabei und musste das mitkriegen aber viel dagegen tun konnte ich irgendwie nicht.

In der Pferde Pension wo auch andere Leute ihre Pferde unter stellten, war da dann diese ein Jährige, süße und wunderhübsche Araberstute.

Sie tat mir auch so Leid denn sie war irgendwie unterernährt, kannte keine Liebe und benahm sich unwahrscheinlich neurotisch.

Sie hatte eine rötlich graue Farbe mit dunkler Mähne und dunklem Schweif. Sehr individuell. Der Inhaber des Pferdestalls war ein Penner Namens 'O. C.'. Er war natürlich dumm und total ungeschult und prügelte auf seine Pferde, und auch die Pferde anderer ein.

Und das war auch schon mal wieder ein Ding, welches das Pferdeding in Texas so sehr von dem sehr zivilisierten und gebildeten Pferdekulturkreisen in Deutschland unterschied. Es gab, was das alles anging, in Texas kein großartiges Wissen oder Kultur was den Reitsport anging so wie in Deutschland. Es gab überwiegend nur ungebildete und faule Menschen, die auf den Pferden rumhopsten und das dann reiten nannten, und viele Tiere blieben dabei leider total auf der Strecke.

Ich erinnerte mich ja auch nur an einiges und hatte keinen Grund zum angeben, aber ich wusste das jedes Tier das Recht hatte, mit Respekt behandelt zu werden und ein gutes Zuhause zu haben. Es handelt sich doch schließlich um Leben—und da muss doch Respekt vorhanden sein.

Mein Fuchs Shadow war zwar noch ein Baby, aber ich hatte mir geschworen dass ich ihn niemals hängen lassen würde.

Jeden Tag fuhr ich also zu ihm hin und dann ging mir das mit der einjährigen, misshandelten Araberstute so auf den Keks, dass ich die selbe auch noch kaufte. Außerdem hatte sie sich toll mit Shadow verstanden.

Sie war etwas teurer als Shadow, denn sie gehörte einem geizigen Tierarzt der sie gezüchtet hatte, und er wollte 2. 500 Dollar für sie haben. sie hatte aber auch papiere.

Mit der Hilfe dieses Widerlings, den Pferdehändler 'O. C.'—zu irgendetwas musste der doch auch gut sein—handelte ich sie dann auf 1. 500 Dollar runter.

Oh war ich happy an diesem Tag. Das erste mal sah ich einen Sinn in so vielem und fing an, das Leben zu genießen.

Ich konnte es kaum erwarten, dass die Pferde groß genug waren und ich sie endlich reiten durfte. Aber das sollte wohl noch ein paar Jahre dauern. So neigte sich das Jahr 1994 dem Ende zu.

Mit meinem Vater telefonierte ich wöchentlich und es war schlimm, weil ich ihn schon so lange wieder nicht gesehen hatte. Es war eine schmerzhafte Sehnsucht. Aber wie er oft zu allem immer ja und Amen sagte, ohne ein wenig nach zu forschen, ob alles was ich ihm so erzählte auch wirklich seine Richtigkeit hatte, machte mich fertig. Heute weiß ich, dass er damals auch einfach keine Kraft mehr hatte. Oft sagte er am Telefon 'wir', also meine Schwester und ich, hätten uns ja verabschiedet, und er hätte sich damit abfinden müssen. Dabei stimmte es nicht so recht. Er hatte sich selber in grund und boden geschuftet und hatte sich viele feinde gemacht., seine verluste hatte er sich selbst zu zuschreiben und dann hatte er seine depressionen die er hatte, auf uns so gut wie uebertragen. und seine bittere art.

Dabei war es trotz allem so gewesen, dass auch er sich wegen seines eigenen Zerfalls sein zurück ziehen ein wenig zu einfach gemacht hatte.

Denn egal wie alt die Kinder sind, man, hört einfach nicht auf im Leben ein Elternteil zu sein. Ständig hörte ich dann, ich sei nun schon siebenundzwanzig oder dieses oder jenes. So vergingen dann diverse jahre. Ich hatte meinem vater nie wissen lassen das das verhaeltniss mit dem pferde trainer die reine misshandlung war, und was an schlagen, blauen augen, und sonstwas an mist abgegegangen war. Einmal hatte ich eine andeutung gemacht., da fing er an rum zu schreien was das denn solle, er dachte er haette mich besser erzogen als mich mit so einem dreck ab zu geben . . . und sonst noch was. Leider kam nur nie der satz das ich doch mal zurueck kommen solle oder so . . . es war eine hoelle von verleugnung, unerlichkeit, depression und was weiss ich an psychosen und dann noch seine ganze verbittertheit welche ihn davon abgehalten hatten staerker zu sein, und so kam immer nur der spruch ich solle hier bleiben und das beste draus machen und im prozess verzichtete er darauf sein eigenes kind wieder sehen zu wollen. dann fing er auf der anderen seite oft mit bemerkungen und meckereien an, gegen meine tiere, und sagte ich solle mich, von allem trennen'. Um die halbe welt gereisst, hatte ich ueber mich sachen heraus gefunden die fuer mich zum vorteil waren. Wie leidenschaft den tieren gegenueber, und die gaben und talente die ich hatte das ich mit tieren klar kam, und die mir eine art ersatzfamilie gaben, und er war immer nur am . . . meckern . . . und das in der art von spruechen die keinen sinn ergaben . . . sondern immer nur mein selbstbewustsein anmachten.

Wegen dem trainer der einen kranken druck auf mich ausgeuebt hatte war ich 1997 in dallas gelandet, dann jedoch kurz danach war ich endlich in der lage dazu diesen scheisskerl . . . leider war er nichts anderes zu verlassen. Ich hatte wirklich glueck gehabt das er mir nicht ernsthafter weh getan hatte als es der fall gewesen war, und ich mit dem leben davon gekommen war. und dann lebte ich wieder allein und trodz allem war es mir fasst nicht recht geheuer was fuer ein pech ich immer wieder mit maennern gehabt hatte. konnte es sein das wegen meines grossvaters und seinem mist und wegen meines vaters mich demonen verfolgten, war es meine ausstrahlung? Warum wollte mich jeder auf eine oder andere art nur ausnutzen? Die antwort darauf war das gutaussehende frauen der wurm am hacken einer angel waren, und viele maenner witterten gelegenheit, und dachten selten darueber nach was sie einem anderen menschen damit an tuhen.

Natuerlich sehnte ich mich nach glueck, aber dann schien mein leben nur aus arbeit zu bestehen. Tags wurde gearbeitet, und dann hatte ich meine pferde immer noch irgendwo unter gestellt. Dann war ich jedoch in der lage dazu einen reitstall zu mieten, und konnte damit nebenbei ein wenig verdienen.

Dann kamen wieder nur sprueche von meinem vater, von wegen ich solle doch unabhaengig bleiben und was weiss ich, nur nie was positives. leute die immer nur ein geregeltes einkommen hatten konnten sich glaub ich nie so recht vorstellen was fuer einen stress das auf mich ausuebte. das schlimme an der gegend in welcher ich war, war das sich immer alles so schnell veraenderte. so konnte es sein das man ein ganz gutes jahr hatte oder zwei, drei . . . und dann verwandelte es sich alles in das gegenteil und wurde nur schlecht oder anders.

die thatsache das ich selbststaendig war representierte, feast or famin', und ich war keine ausnahme und das stresste mich echt total.

Trodz allem hatte ich dann ein paar gute jahre in einer unabhaengigkeit die ich mir selbst geschaffen hatte. nur was mich immer wieder am meisten stoerte war das ich meinen vater nie sah . . . und er benahm sich dann immer so als sei ich nicht auf einem anderen kontinent, sondern auf einem anderen planeten, und das es niemals so sein sollte als koenne man sich wieder sehen.

Kapitel 8

Ein tod kommt selten allein

Ob man es wohl wollte oder nicht, oder ob ich es war nahm oder nicht, so war der tod jeden tag irgendwo, und solang man jung war, oder noch nie so richtig mit ihm konfrontiert war, schien er immer nur nirgendwo oder sehr weit weg. so kam es mir jedenfalls immer vor. Wenn man ihn vor augen hatte, sagen wir in form von einem toten tier, oder einem schrecklichen bild zum beispiel, dann war man schockiert.

In texas begegnete man ihm oft, denn es lagen immer so viele tote tiere, ob nun wild, so wie koyoten, oder kleinere verschiedene waldtiere, wie opossums, waschbaeren, schlidkroeten, oder zahme tiere wie hunde und katzen auf den fahrbahnen.

Hunde wurden so sehr ueberzuechtet das sie oft mals wenn ihre besitzer nicht verantwortlich waren verloren gingen,, strays' wurden, und somit zum frei wild, und wenn sie nicht verhungerten oder von autos platt gemacht wurden, dann wurden sie von,, animalcontrol,'. dem beruechtigten hundefaenger aufgelesen, und wenn nach drei, vier tagen nicht vom besitzer geclaimt wurden, dann wurden sie, euthanisiert', eben eingeschlaefert. In den tagen davor im heim, war jedoch ein dach ueberm kopf und lebens notwendige mahlzeiten und wasser, bis die zeit um war. leider muss ich betonen das das nicht wegen dem, system war, wie es viele immer denken. es waren die vielen unverantwortlichen tier besitzer und oft zuechter, die an dem problem mit der overpopulation schuld hatten.

Mich hatte in den jahren das alles immer sehr irritiert, aber man konnte gegen das system sehr wenig machen, und auch wenig gegen die ganzen unverantwortlichen menschen die ueberzuechteten, die tiere nicht kastrierten .., oder ihnen ein anstaendiges halsband um haengten mit nahmen, tollwutplakette, so das animalcontroll den besitzer ausfindig machen konnte, im falle das tier sei abhanden gekommen.

Ueber eine gewisse zeit hinweg hatten sich bei mir so einige seelchen angesammelt. Der hintergarten war voller hunde, und im haus waren katzen und meine asta, die einst so herunter gekommene labradorhuendin die man mit 10 pferden nicht von mir wegbekommen haette. einmal flog ich nach los angeles und sie nahm nie futter zu sich und starrte nur ins leere waehrend meiner abwesenheit. wie konnte nur so viel liebe moeglich sein?und dann als ich zurueck kam, war sie so happy, und ich fuehlte eine grosse vollkommenheit. ich glaub wenn man so etwas erleben konnte dann kam das von gott.

Meine einst so erbaermliche einsahm keit wurde durch die anwesenheit und verbundenheit mit den tieren zu nichte gemacht.

Dann jedoch im fruehling 2000 kam eine wende und somit ereignisse die ich einfach davor nie erlebt hatte.

Eine katze wurde krank und immer duenner und irgendwann nahm ich ihn zum tierarzt und es hiess er haette leukemie. Dann starb er und ich brachte seine leiche zu den pferden und buddelte eine art grab denn mit der erde in texas war das so eine sache. man konnte am erde graben leicht scheitern denn die erde war trocken, und rieselte, und ich weiss noch das ich reichlich aufgeloesst war. ich fuehle eine trennung, und als ob das nicht reichte hatte eine andere katze so sehr ueber den tod getrauert das er sich fasst tod hungerte und dann auch starb. So brachte ich black jacks leiche auch zum ersten grab und das schmerzvolle ritual wiederhohlte sich. Damals viel mir ein lied im radio auf dessen melodie und lyricks mir oft noch in den sinn gekommen war. Das ging so

;'in my dreams i never ment to hurt you or make you cry, but this is good bye. die endgueltigkeit war das schlimmste am tod, so empfand ich es.

Die juni hitze schwillte um mich herum und finanziell war ich aufgeschmissen und fuehlte mich auch so jeden tag. Trodz der tiere die immer wieder einen emotionalen totalen, defiziet ausgefuellt hatten, konnte die thatsache nicht verdraengt werden das ich weder familie hatte noch einen passenden partner, und als sei jeder tag nicht schon genug voller gewissensbisse gewesen, hoerte ich oft noch negative gemeine schneidende sprueche von meinem vater, und das kam mir in kritischen momenten immer oft wie kaltes erbrechen hoch, und half auch kein bischen. bitterheit bringt keine guten fruechte, aber das meinem vater zu erklaeren war ein schuss in den wind.

Bis heute weiss ich nicht was er mit dummen spruechen wie ich war mal in hamburg als model, und im flottbecker reiterverein, und nun sei ich ein tierfarmer ohne land erreichen wollte. aber heute gebe ich mir selber credit das ich ihn mit respeckt behandelt hatte und bin froh darueber. ich kann mich immer wieder wenn ich an die ereignisse dieser zeit die dann folgten denke an diesen sehr extremen traum erinnern. Ich stand einer frau die mir sehr viel aerger bei den pferden gekostet hatte, gegen ueber und einer ihrer pechschwarzen hengste war koeniglich hergerichtet, geschmueckt und gestriegelt. Das fell des einen hengstes war das schwarzeste schwarz. sie wollte das ich den hengst reite, und ich wollte ihn nicht. Ich traute der situation nicht. Dann jedoch schaute ich an mir herunter und bemerkte das ich ganz in schwarz gekleidet war und hatte sogar lackierte dressurreitstiefel an und war erschrocken als ich an mir runter schaute. Die satteldecke auf dem pferd unter dem sattel war aus schwartzen samt und hatte eine goldene kannte.

Dann klingelte das telefon immer noch im sommer 2000 und mein vater teilte mir mit das mein onkel, also sein jugendfreund und schwager gestorben ist.

Ich weiss noch das er sehr fertig mit den nerven war, und dann in diesen momenten der kriese wurde auch wieder alles verdraengt und aufeinmal wurde los gemotzt, man koenne ja nicht ewig leben und was weiss ich . . . .

Hier waren wir also, in total verschiedenen welten sitzend und nicht einmal kam, ich will dich wieder sehen' oder irgendetwas positives.

In meinem verhaermten reitstall hatte sich dann viel aerger mit einigen mietern angebahnt und mein teller war voll.

Ich wurde allmaehlich ein sklave des pechs und dann kommen noch die anekdoten dazu, welche ich erlebte wenn ich mal alte kontackte in deutschland anrief wie auch mitunter die geile rialto flimfirma, und mal mit wendlands sekretarin plauderte. Nach dem oberflaechlichen wie gehts und so tuhen als sei sie ueberascht gewesen wurde nur gelogen und gedruckst. Anders kann man es glaube ich nicht nennen. Dann kamen die luegen um mich wohl zu vertroesten die daraus bestanden mir zu sagen das all die anderen frauen die mal mit otto gedreht hatten auch nie wieder was mit ihm gedreht hatten oder auch anderswo nicht nochmal etwas gedreht hatten . . . wie mit meinem vater wenn dummes kam hatte ich mir thatsaechlich die amerikanische manier angewohnt es besser zu wissen und aus hoeflichkeit auf dumm zu tuhen. Diese eigenschaft fand ich immer einst so unerhrlich an den amis aber in gewissen faellen war es wohl wirklich notwendig diese verhaltensweise an den tag zu legen. ich rief dort an um, denn mir war danach ihnen wissen zu lassen das ich es einerseits zumindest geschafft hatte, mit eigenem haus, oder wie in houston der eigentumswohnung, und das ich frei war . . . . ich glaube mir war ab und zu nach so etwas wegen ottos gelaber damals hinter meinem ruecken . . , . von wegen ich sei verkommen auf droge und sonstetwas . . . .

Das laecherliche war nun das die representation von rialto,, angela marquis wohl das mit dem internet verpennt hatte., denn ich konnte ja mittlerweile so sehen wer was machte oder nicht machte in deutschland.

Bis heute hatte ich nie antworten auf selbstgestellte fragen bekommen, die da waren weshalb die zbf in deutschland mich manipuliert hatte und warum ein brief mit termin bestaetigung kam, aber der termin nie, oder warum rialto mich abgeschoben hatte wie einen scheisseklumpen. Wo vor hatten die angst gehabt.? Und besser jetzt warum konnten leute es sich erlauben mit anderer menschen leben zu spielen oder diese in den ruin zu bringen.

Weshalb konnte nach mehr als zehn jahren nicht einmal ehrlich etwas ausgesprochen werden damit ich soetwas wie frieden hatte oder, closure'. die antwort war, weil ich es mit unehrlichem pack zu tuhen gehabt hatte. und was noch schlimmer war. Sehr kalkuliertem volk.

Was war der grund gewesen?diese frage kam immer wieder hoch oder sie lauerte irgendwo, und die logische antwort hiess otto waalkes. Er wollte einfach nie wieder mit mir konfrontiert werden. Als ich nach diversen jahren nach harter arbeit und schauspielunteriet wieder in deutschland war, so gegen 91/92 hatte ich eine bekannte am telefon gehabt und sie sagte sie haette otto auf einem tennistunier an der rothenbaumchaussee gesehen und hatte ihn nach mir gefragt und otto haette gesagt was sie denn mit mir wolle, ich haette mich doch schon laengst tod gekokst und das ich fuer nichts zu gebrauchen sei und ich waer neurotisch, wie auch schon zuvor erwaehnt. was hatte ihm das recht gegeben?selbst waer ich gestorben, War der drogentod einer damals einundzwanzigjaehrigen eines miesen witzes wuerdig.?

So weiss ich heute und wusste damals das er mit seiner lippe alles was in seiner macht stand getan hatte mich kaputt zu machen.

Das war die antwort auf fragen die meinen vater zu tode deprimierten, und die mich dazu verleitet hatten ein leben so voller grahm und schmach zu leben.

Auf der anderen seite der welt.

Und das waerend der gefeierte bloedelbarde mehr millionen verdiente und mit allem was er an andere direkt oder indirekt austeilte locker und leicht davon kam. Immer wieder hatte er die grosse narren freiheit geniessen koennen, aber eine junge frau die mit ihm gedreht hatte war verurteilt, verurteilt und noch mehr verurteilt gewesen. Wie gern haette ich verwante damals und deutschland wieder gesehen, aber nichts schien finanziell nun noch moeglich zu sein, geschweige denn hatte ich eine vertrauens persohn.-Niemanden der sich um irgendetwas kuemmern wuerde waer ich mal, vereisst. Einmal hatte meine tante mir auf, befehl' meines onkels der ja nun verstorben war etwas geld geschickt denn er hatte mich einige jahre zu vor noch ein mal sehen wollen, aber ich kam einfach nie weg. Es war seht traurig.

Tja. Locker und leicht. So kam ich bestimmt nicht aus der choose leben raus.

Der sommer kroch elendig dahin. Langsahmer als sonst . . . war ich der meinung. und dann kam ein herbst . . . auch anders als sonst. So empfand ich es. auf einmal wurde ich zum herbst anfang immer deprimierter und unruhiger. Ich glaubte zu wissen das alles nicht so sei wie sonst. Ich weiss noch das einige tage so anders waren, und diverse male hatte ich meinen vater am telefon gefragt ob denn alles in ordnung sei, und er sagte immer alles sei, gut'. Dann kam dieser novembertag und ich war grade auf dem weg zur arbeit. Es war ein Dienstag und am wochenende zu vor ist es mir nicht gut gegangen. Ich war sehr verwirrt gewesen und dieser zustand hatte sich vom Donnerstag davor ueber Samstag und Sonntag hinweg noch verstaerkt. Am Sonntag zu vor dachte ich sogar als ich bei den pferden war das ich von hinten hin aus mir rausklappte und am umfallen war. am Samstag hatte ich mit meinem vater telefoniert und er war sehr deprimiert gewesen und hatte von totensonntag geredet und das seine eltern seine besten freunde gewesen sind und das er kopfschmerzen haette und er sich hinlegen wollte. einer seiner saetze waren gewesen'jetzt kommen die stillen tage.

Ich hatte ihn mehrmals gefragt ob alles o. k sei und er hatte immer mit, ja' geantwortet. Ich hatte tage lang ein gefuehl der machtlosigkeit gehabt.

Am Dienstag kam dann ein anruf und es klingelte so anders als sonst und am anderen ende war meine schwester und ich wusste das etwas los sein musste denn ein anruf von ihr war ja wirklich eine totale seltenheit . . . sie war sehr nett und dann sagte sie das man ihn in einem stuhl sitzend gefunden hatte.

Sie sagte er sei eingeschlafen und das er sich nun erst mal am ausruhen war und das er gewollt hatte das mir erst bescheit gesagt wurde wenn er schon verbrannt ist, und das er ein anonymes grab hatte und er keine trauerfeier gewollt hatte. und er wollte auch nicht das leute jehmals zu seinem grab kamen. Sie hatte gesagt es wurde ein muellsack mit nichts als medikamenten drin in seiner wohnung gefunden, und eine pistole. Die pistole hatte er mitte der achtziger jahre angeschafft, nach dem ich ihn erzaehlt hatte das ein typ mit dem ich blind wie ich damals war befreundet war, angefangen hatte mir ein zu reden ich solle fuer ihn auf den strich gehen. Haette dieser mir damals irgendwie ernsthaft weh getan, dann haette er ihn abgeknallt.

Kapitel 9

Wolfskinder

Es war still. der winter war dunkler als sonst und genau so wie ich mit dem tod meines vaters klar kommen musste, hatte ich die schlimsten ereignisse im pferdestall. ich hatte mal irgendwo gehoert das der teufel dann attackiert wenn man sehr schwach ist und so war es dann bei mir, denn ich war sehr schwach, und das negative schien auf mich drauf zu hageln. alles an psycho und lebensterror was man sich in seinen groessten alptraumen nie hat traumen lassen.

Gewisse mieter die boxen fuer ihre pferde gemietet hatte, jedoch miese sehr erbarmliche pferdebesitzer waren, liessen ihre pferde wochen lang ohne bewegung in den boxen stehen, oder fuetterten sie sehr unregelmaessig und wenn ich etwas sagte gab es schiebung und alles verwandelte sich in eine kriegssituation. Leider war ich immer wieder auf das extra einkommen angewiesen, aber das fass brodelte reichlich ueber und einige zeit spaeter wurde ich das erste mal das opfer von amerikanischem, frame'oder auch einer falle, wenn man es so sehen kann.

Thatsache war das ich fuer die mistgesellschaft wie sie hier am toben war zu ehrlich, zu offen war.

Es ging hier nicht so zu wie in deutschen reitanlagen, wo geschuhlte lehrer oder bereiter am werk waren, hier konnte sich jeder was auch immer er oder sie wollte anschaffen und in den meisten faellen hatte das fuer die pferde in diesem fall die schlimmsten konsequensen.

Eine frau hatte acht araber pferde und bewegte sie nie. Eines morgens kam ich dort an und einer ihrer hengste war ausgebrochen und rannte frei rum.

Andauernd musste ich auf alles aufpassen, schlimmer als haette ich eine herde von zwei oder drei jaerigen betreuen muessen.

Viele mieter riefen oft hinter meinem ruecken die besitzerin des landes an, denn ich hatte das grundstueck gepachtet und gewisse, mitmenschen' wollten mir das land quasi unterm hintern wegpachten. So war die mentalitaet unter den ganz primitiven hier.

Am ende war es schon viele jahre lang so das ich eigentlich schon vor langer zeit diese gegend auch wieder haette verlassen sollen aber es war schon so das ich finanziell zu strapaziert war und ich die pferde nicht haengen lassen wollte. Einen anderen fuchs hatte ich mir auch noch angeschafft, einen einjaehrigen der sich verletzt hatte, ich hatte ihn gekauft und wollte ihn dann verkaufen, wenn er sich wieder erhohlt hatte. denn sonst waer er umgebracht worden.

Wenn ich heute zurueckblicke, kann ich mich zwar an meine motivation erinnern, und an eine gewisse kraft, aber vieles ergab keinen sinn. Natuerlich war die angst immer wieder da das selbst wenn ich die tiere aufgeben wuerde, und ich nach deutschland gegangen waer sich vieles auf neue art irgendwie wiederhohlen wurde.

Am ende war diese angst im hinterstuebchen, und dann wurde es finanziell immer schlimmer. An den stall mit dem grundstueck hielt ich mich dann nur noch fest damit ich eine bleibe fuer die tiere hatte, aber es war mittlerweile ein armes dahin kriechen gewesen und mit dem tod meines vaters hatte ich, oder ein teil von mir aufgehoert zu existieren.

In schlimmen, oder einsahmen momenten hatte ich niemanden mehr wie einst ihn, und das war sehr schlimm. Dann war da diese episode mit meiner tante, welche die einzige blutsverwante war zu welcher ich noch, wenn auch nur ein bischen einen bezug hatte. sie war die tochter meiner grossmutter aus der einstigen DDR gewesen, und nun war ja deutschland mittler weile schon wieder zehn jahre vereint gwesen, der onkel der gestorben war, war ihr mann gewesen und nach dem krieg, als meine uhrahnen gefluechtet waren hatte sie das familien haus umsonst in den hintern gesteckt bekommen. sie hatte daher die probleme welche im leben dazu kamen wie mieten oder raten zahlungen nicht gehabt. geschweige denn anderen srtuggle. sie hatte ihr leben lang in dem gleichen schuhlhaus als sekretaerin gearbeitet, und kannte weder das gefuehl entlassen worden zu sein, die dehmut von arbeitslosigkeit, oder andere kriesen die bei den meisten menschen heut zu tage an der tagesordnung waren.

Ihr mann, also mein onkel hatte fasst dreissig jahre lang eine geliebte gehabt, war aber zu feige gewesen sich scheiden zu lassen. Einmal jedoch, das wusste ich aus erzaehlungen hatte er meine tante doch haengen lassen und war offiziell zu der anderen gegangen. angeblich hatte er es als bedingung meiner tante gesagt das wenn er zurueck kommen solle, er es wollte das er als teilbesitzer im grundstuecksverzeichniss mit eingetragen wird . . . und dann ist meine tante brav neben ihn zur gemeinde hin und hat ihn mit eingetragen. mein onkel war ein geschaeftsman gewesen. Er hatte sogar baumaschinen an saddam hussein verkauft und ist reichlich durch irgendwelche ostblocklaender geschaeftlich rum gekommen.

Trodz alledem hatten sie zwanzig jahre lang angeblich keinen sex, und bis zu seinem tode ist mein onkel selbst als rentner noch zu seiner geliebten geradelt. Ins nachbar dorf. Und meine tante hat wie dumm und unterwuerfig in die andere richtung gestarrt. ich weiss noch wie ich als elfjaehriges kind aufmuckte als wir zu besuch da waren, und wie ich beleidigt wurde, mit beschimpfungen. Einer meiner cousins hatte auch meine mutter beschimpft, dann eben mich, mit was er nur aus erzaehlungen kannte. Er konfrontierte mich und hatte mich runtergemacht . . . Auf einem volksfest in der einstigen DDR, hatte er so viel scheisse gelallt das ihn mein onkel, sein vater aus angst vor der stasi dort weghohlen musste. das war der sommer 77/ oder 78, und das erste mal das meine grossmutter nicht geweint hatte als wir wieder in den, westen' zurueck gefahren sind.

Zu seinen lebzeiten hatte mein vater oft auf die beiden geschimpft und hatte ihr, seiner schwester hinter her gewuenscht sie solle uralt in einem alten heim landen und sich irgendwann nicht mehr den hintern ausputzen koennen.

Meine beiden cousins hatten immer nur alles in den hintern gesteckt bekommen, und meine tante war zur gleichen zeit auch noch eine unheimlich sterile person. Oft wenn es mal um irgend was ging stellte sie sich sau dumm an und hinter meinem ruecken redete sie oft schlecht ueber uns.

Sie hatte dann seit dem tod meines onkels einen unheimlich reichen lebensabend gehabt und hatte ein jahr nach kalles tod einen freund. es hat sogar gehiessen es soll reichlich heisser rentner sex abgegangen sein und sie haette sich sogar im alter von funfundsiebzig reitzwaesche gekauft.

Dann irgendwann hatte ihr freund einen schlaganfall, und sie war wieder allein. Verteilte dann immer geld an alle kinder und enkel. Nur zwei waren total ausgeschlossen gewesen. Ich und meine schwester. Sie bildtete sich nach wie vor unheimlich viel auf das haus ein, aber damals, als ich so viel trauer in mir hatte, haette ich nicht gedacht das oder wie sich ein mensch seiner nichte, also mir so kalt, geizig und steril gegenueber verhalten konnte. ich wollte ja garnichts aber es ging um einen hunger dem ich ausgesetzt war und sie nie gekannt hatte. Ich musste mittlerweile in nur noch den letzten dreck jobben, und es ging immer noch den berg finanziell nur runter. ganz zu schweigen den psychischen schaden den das alles weiterhin anrichtete und auch schon angerichtet hatte. Ich erwartete ja garnichts, aber sich so viel trauer, und schmerz und frieren und elend von jemanden an zu hoeren und nicht ein wenig hilfe an zu bieten das war schon sehr schlimm. sie war immer nur falsch und sagte nur sie haette um meinen vater eine woche getrauert und dann sei schluss gewesen.

Ich glaube sie wusste genau wie dreckig es mir ging, und ins geheim geilte sie sich daran auf. denn sie lebte ja in ihrer kleinen zauberwelt.

Was mich anging hatte ich zwar noch ein dach ueberm kopf und tiere aber sonst nichts. Es ging nun nur noch woche fuer woche um fasst nacktes ueberleben. Es war nicht so wie in deutschland, das der staat miete zahlt, und sonstwas. Hatte man unverantwortlich einen haufen kinder gmacht, dann bekam man lebensmittel marken, aber eine alleinstehende frau war nur sich selbst die naechste. man musste hier mit erfindungen auf kommen um zu ueberleben, denn von allein kam bestimmt nichts und dann fing eine wirtschafts kriese an. das witzige war das viele immer sagten' sobald es wieder besser ist, . . . usw. Es wurde nie besser. Es wurde nur noch schlimmer.

Ich glaube das ich mich in diesem winter und nach dem jahreswechsel dann krank getrauert hatte. im frueh jahr jedoch kam es was einige dinge anging, zu einer wende. ich bin mir nicht sicher ob es spirituell so war oder allgemein aber mein vater war immer noch bei mir gewesen in gedanken auf schritt und tritt. zum beispiel war ich bei den pferden und die sonne schien in einem besonderen licht am morgen und es landete ein habicht auf einem lichtfahl und liess einen schrei aus.

Und da zum beispiel kamen mir die gedanken an ihn, als wuerde er mir eine botschaft schicken. ich war so voller trauer. Ich hatte nie geglaubt das es so etwas gab. ich glaubte ihn bei mir zu wissen und das er auch traurig war wegen dieser trennung.

In dieser zeit hatte ich irgendwann bemerkt das meine von mir verhaetschelte und so sehr geliebte araberstute immer runder wurde, und zunaechst hatte ich geglaubt sie wuerde zu verfressen sein. Dann fing ihr bauch an immer groesser zu werden und ein reitstall in der naehe hatte zu gemacht. Nach einem winter von geldniederlagen bekam ich dann wieder einen haufen business was wenigstens eine ebene in mir etwas beruhigte, und mir endlich einmal weiterhalf. Dann eines morgens kam ich sehr frueh in den stall und bemerkte das meine stute total groggy und aufgeregt war und dann erblickte ich ein klitze kleines neugeborenes fohlen. es stand zitternd da und ich hatte die ueberaschung des lebens und rastete total aus. Sie hatte schwarzes fell, war ein reinrassiges araberfohlen und etwas spaeter viel mir der name cupid ein, denn sie wurde offensichtlich eine nacht vor valentienstag geboren, und somit hatte sich einiges fuer mich geandert. es war als sei ich uebernacht zur mutter geworden. und es war ein bischen so als wurden aufeinmal diverse seelische verluste durch diese geburt repariert in einer neuen form.

Ich hatte nicht geglaubt das so viel liebe und aufregung aber im positiven sinne moeglich war, und fuehlte mich auf einmal besser und heilte irgendwie. Das fohlen machte tolle fortschritte und sah nach drei wochen bildhuebsch aus.

Mit aufregung und glueck ging ich nun jeden tag dorthin.

Die frau mit den araberpferden dessen hengst der vater war, laesterte ueberall herum und war inzwischen wo anders hingezogen.

Sie fuhr andauernd an dem grundstueck vorbei und starrte wie eine hexe und es wurde mir sehr unangenehm. ich dachte sogar einige male das ich mutter und baby aufladen sollte und woanders hinbringen sollte, denn ich hatte angst das die kommen wuerde und meine pferde vergiften wuerde. doch das war leichter gesagt als getan und nach wie vor war es mit den finanzen eng und wieso sollte ich mir etwas anderes suchen wenn ich schon etwas hatte. So wandelten mir die gedanken im kopf herum.

Einen monat spaeter verliess ich abends den stall und schaute cupid an und der gedanke der mir kam war, gott hat dich gemacht'.

Dann als ich am naechsten morgen in den stall kam war meine stute am durchdrehen und die milch floss wie ein fluss aus ihren eutern und cupid war weg.

Ich werde es nie vergessen und wusste natuerlich das die frau mit den araberpferden das fohlen geklaut hatte. sie hatte es perfeckt wie es nur geht alles eingefedelt und sich in jeder hinsicht abgesichert. Ich sah aus wie ein totaler idiot und natuerlich wurde die polizei verstaendigt und es hiess im staat tx immer das pferde diebstahl total ernst genommen wurde, nur war es so das ich feststellte das es nur ernstgenommen wurde wenn jemand vieleicht dabei erwischt wurde.

Ansonsten schien es so zu sein das niemand sich einen abkrampfte, denn schliesslich handelte es sich ja um ein tier. Die bullen sagten dann immer nur sie haetten keine beweise gegen die frau. Ich im theoretischen haette fuer viel geld einen privatdetectiv einstellen sollen, aber hatte nicht das geld dafuer. Dann im nachhinein wurde mir gesagt ich solle die frau in ruhe lassen sonst kaeme ich in den knast, und was diese frau anging die sich, schichocki arabians nannte, sie hatte dann noch den bullen irgendwelche luegen ueber mich aufgetischt denn schliesslich hatte sie totalen rufmord an mir begangen seit dem sie damals von meiner anlage mit ihren pferden ausgezogen war.

Andere hatten sich an dem diebstahl auch noch beteiligt und ihr geholfen dabei, und eines morgens als ich die anderen pferde versorgte, hatten irgendwelche mist mexicaner diverse futtertueten vor die forte des grundstuecks gestellt. In der heissen fruehjahrs sonne die in texas so extrem war wie sonst nur die heisseste mittsommersonne in europa stank es nach totem, und als ich schaute was das alles war, und es starten mir die augen von abgeschnittenen ziegenkoepfen entgegen, und verstuemmelte koerper von kleinen ziegen die umgebracht worden sind. deren gederme und alles war in die tueten gesteckt, es war wiederlich.

Es war natuerlich ein fehler sich weiterhin in dieser gegend aufgehalten zu haben, und ich wollte ja auch dort weg. Aber es ereignete sich beim besten willen nie eine alternative. ich wusste wirklich nicht wohin und wie ueberhaupt.

. Alles schien zu dieser zeit gegen mich zu sein. und ich war in jeder hinsicht so labil das ich keine mittel oder wege hatte die situation zu aendern, es sei denn ich wolle das meine pferde auf der strecke dabei blieben, und das konnte ich nicht.

Wie oft im leben waren gewisse menschen in der lage dazu andere haengen zu lassen. So etwas wiederte mich an. andererseits sagte ich mir auch das es keinen sinn ergab wie irre wieder in der welt herum zu geistern, denn das hatte ich ja schliesslich auch schon mal getan und soetwas ergab keinen sinn.

Vieleicht hatte ich mir auch irgendwie einen knacks gehohlt, vieleicht war es nicht normal an den pferden die ich gross gezogen hatte so zu haengen. Vieleicht war es psychisch komisch. Aber na ja.

Es kam mir so vor als sei ich nur am vor mir hinaltern gewesen. Der verlust von cupid hatte mir neben allem anderen davor den absoluten rest gegeben. Ich hielt es nicht mehr aus und glaubte den verstand zu verlieren. Jedesmal wenn ich etwas, kleines' sah in einem werbespot meinetwegen oder ein kleinkind irgendwo kamen mir die traenen und ein gefuehl von dehmut wehmut und trauer ueberkam mich. oft rannte ich zerzaust durch die gegend und wollte mich unbedingt an diese alte raechen, doch musste ich an die anderen tiere denken die ja verloren gewesen waeren, waer ich im knast gelandet und zu guter letzt war das ja gewesen was die alte gewollt hatte. Sie wollte mir das grundstueck weg nehmen und mich in jeder hinsicht kaputt machen wie ein mensch nur jemanden anderen kalt machen konnte. sie war ein soziopath gewesen mit mittleren leveln von paranoia, und mein problem ist es gewesen das ich auf so ein dreckpacket von mensch gestossen war, im geschaeftlichen bereich, denn am ende war es so das eine falsche association einen scheinbar ausmetzeln konnte. im privatleben, und was geschaefte anging.

So vergingen monate im totalen frusst und irgendwann lernte ich auf der arbeit thatsaechlich jemanden kennen. zuerst war ich voller angst und wusste nicht was ich davon halten sollte und dann wieder rum war es das erste mal seit sehr langer zeit das ich jemandem zum reden hatte und als es dann in einem gespraech sich herausstellte das brodys vater auch vor relativ kurzer zeit davor gestorben war, kam es mir so vor als wuerden die schmerzen die wir beide waerend unserer lebenszeit erlebt hatten uns verbinden. So fing eine beziehung an und es war ein trost fuer mich das ich nicht mehr so allein war.

Nur hatte auch diese sonnenseite dann wieder schatten geworfen denn allmaehlich wurde die wirtschafts lage immer schlimmer und es wurde immer schwerer geld zu verdienen und es fing an mit finanzieller not immer schlimmer zu werden.

Am anfang dachte jeder es wuerde nicht lange so gehen nur um dann heraus zu finden das es anhielt und immer komplizierter wurde.

Dann kam dieser morgen anfang mai 2002.

Brody war grade in die arbeit gefahren, und ich klappte um. Der notartzt wagen wurde gerufen denn ich schaffte es grade noch zum telefon zu kriechen.

Dann wurde ich ins oeffentliche krankenhaus parkland eingeliefert und musste sofort not operiert werden. Dann wurde mir gesagt ich haette einen haufen tumore an den eierstoecken gehabt und einige waren aufgebrochen und mein unterleib sei nun total infected, und das ich sobald es mir besser gehen wuerde mir alles raus nehmen lassen solle.

Brody kam ins krankenhaus um mich zu sehen und war total fertig denn er kam ja nach hause an dem tag und ich war spurlos verschwunden.

Nachdem er herausgefunden hatte was passiert war durch nachbaren und polizei, hatte er mich sofort aufgefunden

Die aertzte hatten sich unmoeglich benommen und ich konnte nicht aufstehen und war von der operation regelrecht in ein stueck krankes unfaehiges fleisch verwandelt worden.

Brody kam dann tag taeglich zu mir und hatte sich um die tiere gekuemmert und so, und meine heilung schlich langsahm dahin.

Grade war ich irgendwann entlassen musste ich einen monat spaeter wieder eingeliefert werden. Mein koerper war sogar mal im septischen schock. Das ist ein zustand in dem der gesammte koerper und alle organe sich infectet und somit vergiftet hatten, und oft muessen arme oder beine amputiert werden. viele menschen und kinder sind an diesem zustand gestorben.

Oft kamen geistige in mein zimmer und wollten beten und ich sagte dann immer das sei o. k. denn schliesslich, so sah ich es zumindest hatte ich an dieser stelle ja wirklich nichts zu verlieren. Manchmal heulte ich los und sagte entmutigt das gott mich bestrafen wuerde, deshalb sei ich so krank. Dann sagte einmal ein pfarrer das gott nicht bestraft. das gott einen'formt'. in so momenten fuehlte ich etwas gutes, aber es war eben, geistlich' und die realitaet war einfach total anders und erschien mir immer wieder ausweglos.

Ich musste im rollstuhl herum gefahren werden und lemonade die wie scife schmeckte trinken damit meine organe geroencht werden konnten, und hing 24 stunden lang am tropf und bis zu vier verschiedene antibiotika wurden mir durch die venen geschossen. Tropf fuer tropfen. In den ersten tagen hatte ich einen rueckfall und landete auf der intensivstation. ich kann mich sehr gut an die nacht erinnern aber es ist hart sie aus der vergangenheit heraus zu kramen. in meinen gedanken erschien mir cupid und charaktere aus der vergangenheit schauten zum besuch vorbei. Ich glaubte zu verstehen weshalb roman polanski immer so ruhig und schweigend am tisch gesessen hatte, damals im bain douche. Denn wenn man einmal etwas verloren hatte, und es war einfach nur total unfaehr, dann erhohlt man sich davon nicht. und die frage und der vorwurf kommt immer wieder, und es heisst, haette ich es doch verhindern koennen'?

Ich weiss noch das ich anders geatmet hatte und mein herz zu zerspringen schien und dann hoerte ich das lied, sympathy for the devil' von mick jagger in meinem kopf droehnen. Ich hatte immer gern zu der life' version getanzt. Auf einmal schien vieles der negativen dinge die mir in meiner lebenslaufbahn begegnet waren, zu denen ich warscheinlich auch beigetragen hatte mich total zu konsumieren. Ich dachte an irgendwelche gestalten selbst die von vor langer zeit, und an den kiez in hamburg und alles schien haesslich und liess mich nicht in ruhe. jede art von ekel, an worten und misshandlungen die mir irgendwann mal gesagt worden waren spiegelten sich vor mir und in meinem gehoer ab. und dazu kam mein sterbender koerper, mein vergifteter darm und gruppen von aertzten kamen ins zimmer, um mir die halsschlagader auf zu operieren damit noch mehrere antibiotika in mich hinein fliessen konnten. ich fuehlte mich so elendig und wusste das ich gesuendigt hatte, aber das ich hilflos gewesen war und das ich manchmal keine wahl gehabt hatte. ich dachte dann irgendwie das man dagegen mit eigener kraft doch etwas tuhen muss. Und ich erinnerte mich das so etwas wie dieses bestimmte lied von den stones, und die gruppe selbst immer ein symbol fuer reichtuhm dieser welt war, und leute hoerten der musik zu, weil es sich um so grosse symbole handelte. in meiner spirituellen verfassung, sagte ich mir dann'du bist kein symbol, und du hast keine macht ueber mich, und es tuht mir leid das ich dich mal angehimmelt hatte, aber ich wusste auch garnicht wer du wirklich warst. der satan konnte mit licht und unschuld erscheinen, er war verwandlungskuenstler, feige und der vater aller luegen.

Nach gewisser zeit versuchte ich mich auf die farbe weiss zu konzentrieren denn das negative schien nicht weg zu gehen. ich schaemte mich irgendwie und war so leer und komischer weise als ich mir licht vorstellte spiegelte sich die szenerie in oldenburg die ich als kind um mich oft herum gehabt hatte nun in meinem hirn ab. Ich sah sofort eine nonne vor mir die laengst tod sein muste, die bei dem katholischem kindergarten eingestellt war den ich mit funf jahren besucht hatte. Sie hiess, doris deodatis'.

Ich war und bin mir nicht im klaren darueber ob ein mensch mit gedanken dinge die sich in einer moeglichen welt des unterbewustseins befinden kontrollieren kann, oder woher so etwas wie ein geistiger schutz kommt mit dem man konfrontiert wurde selbst als kind, und welcher sich dann irgendwann in spaeteren jahren bemerkbar macht.

Auf jeden fall kam am naechsten morgen eine nonne in mein zimmer und betete. Das negative das auf mich drauf zu haemmern schien war weg gegangen denn ich hatte realisiert wer und was das schlechte war. Trodz der qualvollen koerperlichen schmerzen war ich mir im klaren darueber das gott einen plan hat mit einem menschen, und solange wir etwas positives suchten und gott die authoritaet ueber unser leben zu gestehen, konnten wir mit unserem geist glaube ich vieles zum positiven entwickeln.

Nach mehreren monaten wurde ich dann wieder gesuender, und kurz bevor ich vom kranken haus entlassen wurde hatte brody mich gefragt ob ich ihn heiraten wolle und da ich so kann man es wohl sehen nichts, besseres, zu tuhen hatte, hatte ich ja gesagt.

Es war warscheinlich eine sehr unueberlegte handlung denn es handelte sich um zwei verknickte, fasst verlorene, finanziell leidende menschen aber das, was wir in unserer leben zu teilen schienen waren die elemente schmerz und verlust. er war ein gut aussehender mann, ein jahr aelter als ich und erinnerte irgendwie an den schauspieler richard gere als dieser etwas juenger war.

Dann folgte ein jahr in welchem ich endlich mal hilfe hatte, warscheinlich als ich hilfe am meisten brauchte.

Es war schwer fuer uns ueber die runden zu kommen und unsere nerven waren angeknackst und voller dehmut, aber trodzdem hielten wir uns an den tieren fest und dann wurde uns sogar ein echter wolf welpe geschenkt, die wir, wuffi, nannten, denn darauf hoerte sie. Sie war schneeweiss und ein rein rassiger arktischer wolf. so lebten wir in einem haus das mir fasst garnicht mehr gehoerte und mit zu vielen tieren und sehr verarmt. wir waren reichlich verlorene kinder gewesen.

Kapitel 10

Gnaden brot. gnadenschuss

Das mit dem geben, in meinem falle tieren helfen war so eine sache. Mein eigenes hirn konnte das leid der oft verlorenen tiere sehen, denn verloren waren sie ja oft und dann war ich natuerlich immer hin und her gerissen. Ein teil von mir sagte immer und dachte das ich mein leben noch kaputter gemacht haette, denn was ist es schon fuer eine existens immer nur tieren zu helfen, und sich total zu benachteiligen. Und dann kamen oft dumme sprueche von anderen dazu, wie eben 'haette ich die tiere nicht wuerde es mir finanziell besser gehen . . . und das uebliche bla bla. vieleicht waer es mir cin kleines bischen besser gegangen hier und dort, aber was ich wirklich machen wollte oder was ich haette tuhen sollen, wie vieleicht mal wieder nach europa oder so konnte ich mir nicht leisten, mit oder ohne tiere.

Brody und ich hatten jetzt das grundstueck wo die pferde waren verlassen, weil es immer nur aerger gegeben hatte, und hatten sie mit einigen ponies die sich im laufe der zeit auch noch angesammelt hatten, die auch keinen besitzer finden konnten, woanders untergestellt.

Einmal bin ich dann in eine klein stadt oestlich von dalles gefahren, um heu zu kaufen und fuhr an eine pferdeschlachterei vorbei die bekannt und beruechtigt war. das bild das mir dann vor die augen kam war absolut ekelerregend und ich konnte nicht begreifen wie menschen in der lage zu so viel ekel waren und nachts schlafen konnten.

Es existierte in wirklich keit der mytos nicht, welchen man in deutschland immer wieder vertreten hatte das es sich bei pferdefleisch um fleisch eines kranken womoeglich altem tier handelte. Das waren entschuldigungen und kriegserzaehlungen. die realitaet war das eine belgische company diverse grosse schlachtanlagen in texas und anderswo hatte, und hunderte und tausende von pferden dort abgeschlachtet wurden. Unter den pferden befanden sich unheimlich oft ehemalige renn pferde, araber, ponies, und alles moegliche. sogar fohlen und deren muetter, und an jenem morgen sah ich wie im betonhof vor dem metallgebaude ca. Hundert pferde warteten, in coralls, um in einen eingang und in eine box gescheucht zu werden, um dann blutig einen acht centimeter langen nagel in den kopf geschossen zu kriegen, den hals zerschnitten zu bekommen und auszubluten.

Die umrisse der pferde und deren farben, und wie sie sich hier und da im kreiss bewegten, blieben fuer immer in meinem hirn stecken, und eine wut und rage und ein ekel kam in mir hoch und dann immer wieder das verlangen das ich irgendetwas tuhen sollte, denn das was da geschah, war einfach nicht richtig, oder moralisch vertretbar.

Auf der anderen seite wusste ich nur nicht wie ich etwas machen konnte denn ich war der hilfloseste, finanziell labilste mensch, so fuehlte ich mich.

Die localen nachrichten hatten auch schon reportagen ueber das thema gemacht, ich wusste dann nach einiger zeit das es menschen gab, welche auch so fuehlten wie ich. das war ein kleiner trost fuer den ganzen herz schmerz.

Dann eines morgens, es war fasst ende mai, kam ich bei meinen eigenen pferden an, wie ueblich tag taeglich um zu fuettern, und ein, welsh pony' namens little bessie, die ueber sechsundzwanzig war, welche ich zu mir genommen hatte weil sie niemand mehr gewollt hatte lag auf dem boden und kam nicht mehr hoch. In den wochen davor hatte sie mehr und mehr abgenommen, und ihr stuhl war duenn und ich wusste das es zu ende ging mit ihr. Ihr koerper und beine waren voller arthritis, und generationen von kindern hatten wohl auf ihr rumgejuckelt und als es nicht mehr ging, und vieleicht ein einstiger besitzer starb, starb auch ihr glueck und sie wurde weggestellt und im stich gelassen und war am verhungern gewesen. dann war sie hier und dort von leuten gefuettert worden, aber niemand konnte und wollte sie, behalten' und so hatten sich unsere wege gekreuzt, und ich war gut genug, oder dazu da, das verkrippelte uralte pony zu fuettern und das ging auch denn sie konnte davon leben was die anderen pferde an futter,fallen liessen 'oder zumindest musste ich mir das einreden. Ein alter schwarzer mann hatte mal gesagt nachdem ich meinte, wo einige essen, kann immer noch jemand mit essen, das, das gott sei'

Wie auch immer, an jenem morgen musste sie sich wohl schmerzend hingelegt haben, und hatte nicht die kraft wieder auf zu stehen. Ihr koerper war am zittern und ihre beine knickten immer wieder weg bei aufstehversuchen und das brach mir das herz. dazu kam ihr schwaches wiehern und ihre leidenden flehenden augen, als sagte sie; hilf mir doch . . . bitte tuh doch was es geht mir so schlecht . . .'

Die sonne stieg immer hoeher in den himmel und die mittagshitze gab einem den drang alles was man zu tuhen hatte schnell zu erledigen, denn ein toedlich heisser nachmittag stand bevor und das einzige rettende war ein kuehles zimmer wo die klima anlage summte. Fuer ein tier das dieser hitze ausgesetzt war, und kein wasser hatte, konnte dieses wetter katastrophale folgen haben.

Bessie hatte einen schlechten geruch und war sehr dehydratet, denn zum wasser hatte sie nicht mehr gekonnt und sie roch wie tod, als sei sie von innen heraus am dahin gammeln.

Ich wusste oder realisierte zerstreut das ich zu handeln hatte und 300 oder 400 dollar hatte ich nicht um einen tierartzt kommen zu lassen um sie einzu schlaefern. dann kamen mir bekannte sofort in den sinn die ein pfandhaus nicht all zu weit weg hatten und der gedanke kam, mir von dort her eine pistole zu borgen. Ich fuhr dort hin und als ich zurueck kam ging es bessie noch schlechter. Ich nahm die wumme vom autositz und starrte sie an und es war mir komisch zu mute denn ein geraet in meiner hand und ein abdruecken konnte und sollte das ende eines lebens sein. Ich wurde dann aufeinmahl mehr und mehr gestresst denn ich war sowieso schon so frustriert und strapaziert und schrie dann irgendwie wuetend herum, und schrie auch zu gott'wo bist du immer wenn ich dich brauche' . . . ?

Dann, kurze zeit spaeter, tauchte endlich noch jemand auf und ich erklaerte die situation in eile und alle wussten ja auch das das pony sehr alt war. Ich gab dann die pistole zu dem mann und ging einige meter von der situation weg, noch immer ihre klagenden angstvollen augen die zu flehen schienen'hilf mir doch . . . ich kann nicht mehr.'und ihr schwaches wiehern im ohr.

Ploetzlich wurde ein dumpfer knall abgelassen und aufeinmal waren nur noch ruhe und frieden in der luft, die davor noch mit hektick, unsicherheit und schmerzvollem gelegendlichem wiehern gefuellt war.

Der mannn sagte, it's done' und unsicher ging ich zu der nun in ruhe da liegenden bessie. Ich erwartete ein blutbad zu sehen aber es war nur ein bischen blut aus ihrem maul geflossen. Ihre grossen so flehenden schmerzerfuellten augen waren nun gen himmel gerichtet. sanft und friedlich und erloesst sah der ausdruck auf ihrem gesicht nun aus und einige andere pferde sahen so aus als haetten sie ihr haupt gesengt, und waeren nachdenklich. eine alte stute war, so kam es mir vor, die, mutter fuer eine kleine pferdegruppe, und in jeder pferde herde schien es neben dem leithengst auch eine leitstute zu geben.

Dann spaeter an dem tag sorgte ich dafuer das sie ein grab bekam.

In der darauf folgenden nacht hatte ich einen traum von ihr. Sie kam mit edeler kophaltung auf mich zu, umgeben von kindern, sie kam angetrabt, so locker wie ich sie nie gesehen hatte, und dann war sie weg.

Der dumpfe knall des gnadenschuss sollte dann jedoch nicht der einzige knall sein den ich hoerte. Brody hatte sich nach etwas ueber einem jahr Ehe reichlich zum negativen hin veraendert, und hatte mich mehrmals stehen lassen. Dann konnte ich malochen wie dumm und irgendwelche finanzielle dilemmas ausbaden, und ein zwei monate spaeter wollte er dann immer zurueck kommen und zwei mal liess ich es zu nur war ich mir dann darueber im klaren das es nicht mehr lange so gehen konnte. Ich war vieleicht jemand der aus deutschland in texas gelandet war, und dessen leben so schief wie es nur ging verlaufen war, aber ich weiss das ich kein total looser war, und ich finde das waer ich gewesen, waer ich in dieser ehe geblieben. sein trinken wurde immer schlimmer und er wurde immer egoistischer und dann liess er mich im mai 2005 wieder sitzen und dann hatte er mir mit seinem verhalten den rest gegeben. Ich weiss noch das ich mit meinen nerven reichlich am ende war, und er gab auf nichts ruecksicht, was gefuehle anging. seine ignoranz hatte mir den rest gegeben.

Wenn es mir kurz nach dem er wieder weg war schlecht ging rief ich natuerlich hier und da bei verwanten in deutschland an. Meine tante benahm sich immer wieder wie eine sterile nadel. Das war jedoch nur ein beispiel von einer langen reihe von vorfaellen und sie rieb es mir regelrecht ein das es ihr gut ging und sie alles hatte. Das alles als ich in dallas verlassen da stand, an einer telefonzelle denn im haus war der anschluss abgestellt und ich fasst nicht wusste woher die naechste malzeit kommen sollte, und mein zerfetztes inneres wollte immer wieder nach etwas waerme suchen, und dann wurde sie immer ignoranter und kaelter. Sie war ein wirklich schlimmer mensch. Hier und da hatte ich sie gebeten doch wenigstens meiner schwester einige male im jahr etwas zu schicken. Aber sie war so billig mit ihrer uber 3500 euro im monat witwenrennte, das sie einmal einen neffen beauftragt hatte, da dieser auch in hamburg wohnte meiner schwester 120 euro zu bringen, nach meinem draengen. Da liess sie dann den typen noch wieder geld von den 120 notgroschen weg nehmen um sich selbst zu bezahlen, fuer die that das geld zu ihr hin zu bringen. anstatt mal zu begreifen das iris wirklich jeden cent gebrauchen konnte. Sie, auf der anderen seite hatte in ihrem leben nicht einmal miete zahlen brauchen, denn sie hatte ja nach dem 2. weltkrieg das haus geerbt. Dann laessterte sie wie ein profi bei ihren kaffeeklatsch runden ueber mich, und ich wurde als, verlorenes pack' verschimpft.

Die jahre 2001 bis 2006 waren mit die dunkelsten meines lebens. Normalerweise haette es gereicht das man seinen vater verloren hatte und andere verwante, ich jedoch hatte die krankheit, die trauer, die finanziellen probleme und die tiere, dann musste ich mich damit abfinden das der mann in den ich vertrauen gelegt hatte und geheiratet hatte, ein feigling und versager war, und immer wieder war ich gezwungen in miesen clubs lebensunterhalt zu verdienen, und dieser sogenannte lebensunterhalt wurde immer magerer. dann kam eventuell die scheidung dazu, nach zwei jahre langer trennung. Und dann war ich wieder nur allein mit allem.

Psychisch war ich dann an einem punkt das ich einfach keinen sinn mehr in irgendetwas sah. Ich war verarmter als es sich jemand vorstellen konnte und dieser zu stand aenderte sich nicht, so sah es aus. Wie gern waer ich nach deutschland mal zurueck gegangen oder haette mich veraendert und das ging einfach nicht, so sehr ich mich auch danach sehnte. nach wie vor war es immer das gleiche, und es versetzte mich in einen apathischen zustand. Auf der arbeit hatte ich mal eine frau kennen gelernt die eine art hellseherin war, eine, born again christin, die auch wie man hier zu lande sagte in, zungen, redete. So etwas war hier unter gewissen christen seit dem anfang der kleineren babtistischen kirchen oft angesagt und verstaerkte das gebet. denn es war eine meinung oder thatsache empfanden viele christen hier das der teufel auch bei jedem gebet zu hoerte, und alles in seiner macht tuhen wuerde damit das gebet entweder nicht beantwortet wurde, oder dafuer sorgen wollte das es schlecht weiter ging. Ich muss zugeben das ich dieses, speaking in tounges' schon oefters gehoert hatte und fand es ein bischen strange, aber dann wiederum hatte mir das auch imponiert. Ich hatte mich nur immer gewundert weshalb mir nie neue worte eingefallen, oder durch spiritualitaet, gegeben worden sind, genau so wie ich auch nie die beruehmte begegnung mit, christus, hatte von denen viele, born again christians schwaermten.

Schon waerend der zeit in new york als ich bei einer familie untergekrochen war, hatte diese auch von soetwas geredet.

Irgendwann hatte ich dann aufgegeben und glaubte einerseits sei ich es wohl nicht wert, und vieleicht hatte christus zu viel zu tuhen. und das es eben deshalb nie zu einer spirituellen begegnung gekommen war.

Die frau auf der arbeit hatte mir auf jeden fall von einer kirche erzaehlt die weder protestantisch noch katholisch war und sie schwaermte von dieser ministry. es gab in dieser hinsicht viele kleine ministries mit kirchen, man sah sie ueberall.

Am morgen als ich dort hingehen wollte passierte natuerlich alles moegliche das mich fasst davon abgehalten haette, wie ein pferd hatte sich verletzt. Aber dann hatte ich mich zusammen gerissen und bin doch hingegangen.

Sofort als ich dort ankam war ich sehr hingerissen und emotional beeindruckt.

Die atmosphaere war einfach wie nichts anderes das ich mal erlebt oder gefuehlt hatte und ich musste einfach weinen. es war so, pure'

Ich kam mir auf einmal so schmutzig vor aber es war nicht so das ich von irgendwo her verurteilt wurde, ganz im gegenteil. Die realisierung kam von mir selber durch mich selbst. Wieder kamen mir sachen in den sinn die ich falsch gemacht hatte. es konnten sachen sein die man sonst als harmlos angesehen hatte oder denen man keine grosse bedeutung schenkt.

Wie z. b. schlechte worte, vor langer zeit die drogen, die depressionen, das in der welt herum irren und einfach vieles andere was in meiner vergangenheit herumschwebte. wieder auch vieles aus von vor langer zeit.

Ich fuehlte aufeinmal eine gegenwart, eine gradezu majestaetische gegenwart, und fuehlte mich danach auf die knien zu fallen und um vergebung zu betteln. ich fuehlte mich wie ein verlorener bettler in grauen lumpen. ich war quasi von emotionalen lumpen bekleidet, so kam es mir vor. zur gleichen zeit fuehlte ich diese liebe von der ich nie geglaubt hatte das es sie gab. und meine traurigkeit war dann, weil ich so beeindruckt war und es mich traurig machte das diese gegenwart es mir gestattete bei ihm zu sein, obgleich ich mich selbst verurteilte. und dann war der gedanke noch ich duerfe nicht nah an ihn rann, und das ich nicht gut genug sei, aber ich durfte hinter ihm gehen. und auf grund der thatsache das er mich mit gehen liess, fuehlte ich dann das ich ein teil von ihm sein konnte, ein teil seines koerpers und ein teil seiner unschuld, mit traenen schaute ich mich um, und sah eine lila robe die an der wand hing und mit goldenem brockat bestickt war, und das wort aus brockat gestickt war, love'. es kam mir so vor als waer in dieser robe ein grosser schutz fuer mich. ein schutz vor allem was schlecht war. Und das ich diese robe anfassen durfte.

Evangelisch getauft und konfirmiert hatte ich nie geglaubt das mir soetwas mal passieren wuerde. Das musste dann wohl auf meine art die, begegnung gewesen sein von der viele christen gesprochen hatten, und einige wochen danach vielen mir bei meinen gebeten worte ein und laute und das waren meine, tounges'.

Jeden tag brauchte ich alles an kraft was ich an kraft nur erfragen konnte und schutz.

Gewisse sachen wollte ich irgendwie wirklich nicht nochmal erleben, und ich betete darum das es in meinem leben nochmal zu einer gewissen gerechtigkeit kommen wuerde.

Natuerlich war es so das von irgendwo her immer ein kleines licht kam, aber das gcsamtbild war kein licht.

Das haus war irgendwann weg, die bank hatte es zrueck genommen, und ich musste mir eine bleibe suchen. Viele der hunde wurden alt, und starben weg.

Brody hatte durch seinen egoismuss und sein versagen dick zu gewissen verlusten beigetragen und nun wohnte ich wieder allein. ich kann mich noch an weihnachten 2005 erinnern.

Eine bekannte von der humaine soc. Was ja eigentlich eine organisation fuer tiere war kam noch vorbei, und brachte mir einen teller fressalien, sonst waer ich verhungert.

Kapitel 11

Gebrannte seelen

Gebrannt wird man eventuell, und verbrannt waer ich fasst, und dann kam der zeitpunkt das ich aufgehoert hatte selbst zu hoffen das sich irgendwann nochmal etwas aendern wuerde.

Ich dachte das ich mich nun damit ab zu finden hatte das ich unter bezahlt, leident und unter meinem nivou in clubs arbeiten musste oder aehnlichem, bis mir der entgueltige tritt in den hintern verpasst wurde und das ich dann allein in diesem staat zu grunde gehen wuerde. Nach wie vor mit zu vielen tieren. Denn das war ja auch nun sowieso seit dreizehn jahren der fall. auf jeden menschen kamen fasst 10 pferde, hunde und katzen, wegen der overpopulation von tieren. Dem zuechten, ob nun verantwortlich oder nicht, und der thatsache wie unverantwortlich mit hunden und katzen umgegangen wurde, sowie die thatsache das hunde und katzen besitzer nicht kastireren lassen wollten und ein tier auf die strasse herauspfefferten sobald aus einem kleinen niedlichen baby ein erwachsenes tier wurde, und dieses anfing zu spruehen, oder ein fohlen gross wurde und jeden tag futter brauchte. So etwas erforderte verantwortung, und disziplin, und nicht viele leute mochten diese worte in diesem staat so schien es, denn es war zu real fuer ihre ignorante kleine traumwelt. Dazu kamem wirtschaftslage und imigranten flut. Und mit dieser flut noch mehr tiere.

Doch dann kam mal wieder alles ganz anders. an einem sonnigen tag im april ging die tuer auf in dem laden wo ich hinter einer Theke drinks mixte und eine mannes gestalt kam herein. Das war zwar nichts neues aber irgendwie flutete das sonnenlicht in den dunkelen neonladen und mit dem licht ein srahlend weisses hemd, das baulich im neonlicht strahlte.

Der mann kam sofort auf mich zu, bestellte ein getraenk und ich endete mit cinem funfhundert dollar trinkgeld.

Zwei tage spaeter wiederhohlte sich das ganze, dann wieder und dann wieder, und dann fing ich an mich mit ihm ausserhalb zu treffen und es passierte wieder und wieder. ich liess es bei einer platonischen freundschaft, und zum ersten mal seit ich warscheinlich in diesem land war kam es mir so vor das ich ein recht auf leben hatte und etwas glueck . . . ich konnte mich und die tiere nun wieder besser versorgen und fuehlte mich erloest.

Zu erst hatte ich probleme zu erkennen das mir etwas gutes wiederfahren war.

Ich konnte es einfach nicht glauben. nach einigen wochen war es dann so das ich erst mal erkannt hatte wie sehr ich psychologisch total erschoepft war und trodz der thatsache das ich dringend mal ruhe brauchte, wollte ich sofort eine schule besuchen um irgend wann irgendwo besser arbeiten zu koennen und das that ich auch.

Wie auch immer mein selbstwertgefuehl war sehr angeknackst und einerseits war das so weil ich mir selbst gegenueber sehr kritisch war. Ich glaubte nie wieder etwas packen zu koennen und hatte auch grosse pruefungsangst.

Kurz vor der abschlusspruefung waren meine angstgefuehle die ich hatte die pruefungen nicht zu bestehen so intensiv das ich dann nicht hinging. so sehr hatte mein selbstwertgefuehl einen totalen knacks bekommen. Ich hatte eine schnell ausbildung als krankenschwester hilfe gemacht, allerdings war es sehr stressvoll weil es aus einer pracktischen und schriftlichen abschlusspruefung bestand. es war eine strenge sache und die thatsache das man immer nur sah was in einer gesellschaft gegen die naturgesetze in pflegeheimen am leben gehalten wurde, verstoss meiner meinung nach sehr gegen die natur gesetze und gegen die wuerde des lebens in sich selbst.

Wie es dann natuerlich war ging ich vier monate spaeter um die pruefung zu wiederhohlen und hatte sie dann bestanden und ich fuehlte mich besser weil das gefuehl weg war das ich immer nur, am verhauen war.

Meine leidenschaft waren nach wie vor die pferde und durch clark, dem helfer und finanziellen schutzengel war es nun erlaubt das ich mehr unabhaengigkeit hatte und das ich plaene machte auf einige beruehmt beruechtigte pferdeauktionen zu gehen weil ich mir das ja schon immer ertraumt hatte jedoch ich nie zeit hatte oder das erforderliche geld. hier nannten sie diese auktionen sogar' killerauktionen' denn 70 prozent der pferde wurden von'killerkaufern', eben killerbuyers gekauft. dann landeten diese pferde meistens 24 stunden danach auf einem der pferdeschlachthoefe 'beltex' oder, dallas crown'.

Die lokalen, ausserhalb von dallas stattfindenden pferdeauktionen waren der, kessel, von pferde handel und den, todeskaufern', hier zu lande nannte man sie, killerbuyers'.

Ich hatte von der humanesociety listen von maennern und auktionen und wo sie waren bekommen und wollte nun auf eigene hand hin erfahren und mit meinen augen sehen wie das alles abging und was dort los war. Ich kann mich noch sehr gut an den nachmittag erinnern wo ich zur, killerauktion' nach, cleburne gefahren bin. Das war eine kleinstadt so eine autostunde suedlich von dallas/fort worth.

Als ich los fuhr hatte ich dieses gefuehl von freiheit und das ich das erste mal seit langer zeit so richtig das machen konnte was ich machen wollte. dann jedoch wurde mir sehr mulmig in der magengegend und ich wurde nervos. Mit jeder gefahrenen mile wurden meine knien weicher.

Aufeinmal schien ich ein ganz anderes gefuhl zu haben als zuvor ueber das was ich nun vor gehabt hatte und mit jeder sekunde oder minute die vorbei ging naeherte sich eventuell das auktions haus und eine totale fremde. wer waren die leute die vom pferdehandel lebten, und somit pferde zum schlachthof brachten? Wie sahen sie aus? Wie lebten sie mit sich selber, dem was sie tahten und wie sahen diese mannsbilder aus?wozu waren sie sonst noch in der lage, wenn sie pferde schlachten lassen konnten, sogar fohlen? Konnten sie mir weh tuhen?sonstwas an fragen kamen in mir hoch und ich hatte mir die miesesten perversen verschwitzten dreckigen knacker vorgestellt.

Als ich auf dem parkgelende dann anfuhr war die stimmung bei mir und die magen gegend extrem wabbelig. die stimmung oder atmosphaere hatte sich auf einmal in den film, mississipi burning' verwandelt. Augen von aelteren maennern schauten verwirrt und jungs mit cowboyhueten schauten ueberascht und nachdenklich. Ich fuhr zwar einen aelteren pick up, aber das war wohl das einzige das davon zeugte das ich irgendwie moeglicher weise etwas mit pferden oder so zu tuhen hatte. die stimmung war nun ausgefullt mit misstrauen.

Denn jeder kannte in diesen kreisen jeden, und es war wohl selten das eine gut aussehende frau allein auf einer pferde auktion wie deiser erschien.

Dann versuchte ich mich auf garnichts zu konzentrieren, aber trodzdem lief alles an mir vorbei wie eine sehr negative reportage.

Pferde waren duenn und z. t. sehr vernachlaessigt. Sie schauten mit grossen sanften oder angsterfuellten augen. Ein Pferd wurde aus einem anhanger herausgefuehrt und blut rannte in stroemen den hinterbeinen herunter. Ein

Falbe. Ich sagte dann halbwegs aus spass ob man ihn mit dem taschenmesser auf dem weg zur auktion kastriert hatte,. Da wurde geantwortet, ja'.

Als die Auktion anfing waren ca. 80 pferde dort oder vieleicht mehr. Jedes ca. Zweite Pferd das durch den ring kam war vernachlaessigt oder hatte seit geraumer zeit keine guten besitzer gehabt. und dann wurde jedes zweite an einen killerbuyer versteigert. Zu meiner ueberaschung sah ich das es sich beim, killerbuyer' nicht um die fettesten miesesten perverslinge handelte sondern um gut aussehende typen meines alters oder juenger, die einzigen aelteren waren die eltern der leute von ca. Meiner generation gewesen.

Nach gewisser weile wusste ich nicht was ich mehr verfolgen sollte, die Auktion . . . da ich ja auch kein geld hatte um noch ein pferd zu kaufen, oder wie die muender der cowboys sich hin und her schiebten weil auf kautaback herum gekaut wurde und in manchen faellen dann irgendwann raus gerotzt.

Die auktion zog sich bis fasst mitternacht dahin und dann setzte ich den heimweg nach grand prairie, einem bezirk in dallas an, und war sehr aufgeregt, nachdenklich und verwirrt zugleich von allem was ich erlebt hatte.

In den folgenden monaten dann ging ich jeden Mittwoch abend dort hin. nach einigen wochen hatte ich ein wenig geld und konnte ein altes renn pferd das am verhungern gewesen war und einen einjahrigen araber kaufen, welche wenn ich es nicht getan haette zum schlachten gegangen waeren.

Ich war dann den ganzen sommer lang auf einem emotionalem, high'. das erste mal fuehlte ich mich als sei ich richtig frei und konnte das machen was ich schon seit langer zeit so richtig machen wollte. trodz der vielen neuen eindruecke lief es alles jedoch nicht ohne verwirrung und traurigkeit ueber die buehne. die tiere wurden oder waren oftmals miserable behandelt worden. Ich hatte eine mini video camera oft mit dabei und filmte manchmal wie alles so abging. Einmal starb ein junges pferd im stallgelende bevor es versteigert werden konnte an einer gas kolick wo sich der darm regelrecht wohl explodiert hatte. Es war scheusslich. zweimal die woche ging ich mittlerweile zu zwei verschiedenen auktionen und oftmals hatte ich immer wieder pferde gekauft, direkt von den killerbuyern weg, und einige behalten, aber dann auch einige an o. k. neue besitzer soweit das moeglich war wieder verkauft. einmal hatte ich einen tollen Schwarzschimmel gekauft. so verging eine ganze zeit. alle pferde die ich kaufte waren von killerbuyern gerettet.

Es war eben Tatsache, dass ich mich immer wieder so hart abschuften musste, und das schlimmste war die Verlogenheit der fast gesamten, sehr ignoranten, Bevölkerung in Texas. Naturlich gab es auch leute die genauso dachten und fuhlten wie ich und gut zu tieren waren oder sein wollten. aber

Eins der schlimmsten Erlebnisse hatte ich mal in einem Tierheim.

Eine Bekannte und ich wollten einen Hund adoptieren und es war irgendein Wochentag. Sie war in der Empfangshalle von dem Tierheim und laberte mit der Rezeptionistin, während ich mich verkrümelte in den hinteren Teil des Gebäudes. Da sah ich auf einmal circa um die hundert fünfzig Hunde und eine Crew von Leuten und eine Literflasche mit giftiger Flüssigkeit und das hiess' Euthenizing. Ich wusste, dass an diesem Tag wohl um die zweihundert Tiere eingeschläfert werden sollten, was ja das klinische Wort für töten war. Das weil sich innerhalb von vier tagen keine besitzer fanden, denn nicht alle menschen wollten adoptieren.

Die Amis waren zum grossteil eine derartig ignoranteMischung aus Volk. kaum wurde eine tierrasse wie sagen wir mal so etwas wie die dalmatiner in, 101 dalmations populaer, wurden sie ueberzuechtet, teuer verkauft, und dann von leuten die dann von der verantwortung des hundebesitzertums nichts wissen wollten, oder sich ueberfordert fuehlten, ausgesetzt. Tiere wurden dann so gut wie weg geschmissen. oder es lief weg, oder ging sonst irgendwie verloren. man Züchtete tatsächlich Tiere, nur um die selben dann weg zuwerfen.

Das diese grausame Szene dann die Endstation für diese total unschuldigen Opfer waren, empfand ich als sehr grosse schande. Total ueberzuechtet wurden dalmatiner, rotweiler, pitbulls und viele hunde rassen und auch katzen.

Durch die pferderenn industrie und die, show industrie, waren pferde genau so dran.

Es war so schlimm das damals die nummern bei ca. 11 millionen hunden und katzen waren. Im gesamten land. Es wurde immer wieder fuer sterilisation reklame gemacht, und das half dann auch weil das ja ungewolltes werfen von littern etwas kontrollierte aber es wurden doch am ende immer wieder viel zu viele hunde und katzen geboren die sich einer miserablen existens ergeben mussten und dann irgendwann von, animal control, Was im volksmund der, dogcatcher war abgehohlt wurde, und das war fuer 80 prozent hunde und katzen der weg in den tod.

Manchmal fuehlte ich mich danach mehr tuhen zu wollen als ich es schon am tuhen war, aber trodz des gluecks, bestand mein dasein aus helfen, und obgleich es mir besser ging, war das viele leiden das ich sah extrem. Einmal sah ich ein pferd mit rehrollen fuessen das mit sicherheit hufe solang wie mein unterarm hatte. ich sah oft verhungerte junge pferde die ueberhaupt nie eine chance bekommen hatten. ich rettete oft jede woche ein pferd, und machte eine annonce in die zeitung und fand oft einen guten besitzer. und dann war es so das ich mich immer wieder in deutschland meldete, und es war immer wieder das gleiche.

Besonders hervor zu heben ist dann an dieser Stelle wieder das Verhalten, welche meine relativ im Wohlstand lebende Tante an den tag legte. Sie bekam fette Gelder an Witwenrente, Rente, später Solizuschlag und circa zwischen 3000 und 4000 Euro vom Staat. besonders leid hat es mir immer um meine schwester getan weil ich das gefuehl nie verlor das sie zu kurz kam.

. Nie vergesse ich die Wagenladungen, die mein Vater damals rüber karrte.

In meinem Schmerz durch die unerträgliche Trauer jedoch geschah es dann, dass ich sie anrief um vielleicht jemanden zum reden zu haben, denn ich hielt das alles einfach nicht mehr aus.

Ein Zahnarzt hatte Schulden Eintreiber auf mich gehetzt, die ziemlich illegale Techniken benutzten, um Gelder einzutreiben, die ich dem Zahnarzt noch schuldete. Ich war voller Panik denn ich hatte das Geld nicht.

Die Schmerzen und die totale Verlorenheit, die ich jeden Tag empfand, waren das schlimmste was ich bis dahin erlebt hatte.

Mir kam sogar die Frage hoch, wieso ich eigentlich überhaupt noch lebte. Denn so einsahm fuehlte ich mich oft, und ich war immer am nachdenken ob das schicksahl und wo ich mich nun aufhielt das richtige fuer mich war.

Wäre es nicht doch besser gewesen, wenn ich damals in Deutschland den Drogentod gestorben wäre? so hardcore und stressig war hier zu lande der druck ums ueberleben. So harsch da durch meine gedanken.

Mein Hirn und Herz zersprangen immer wieder und ich war so labil wie ein klitze kleines Kind, nur mit dem Unterschied, aber keinen „Unterschlupf zum Kraft tanken" zu haben, gegenüber allem miesen, hinterhältigem, schlechten was ständig auf mich zu lauern schien.

Als ich mit meiner Tante sprach, kam eine derartig sterile Scheiße rüber die man fasst schon als voll pervers beschreiben kann.

Von meiner Großmutter hatte sie damals nach dem Krieg das Haus bekommen, weil mein Vater, Horroropa und Großmutter in den sogenannten Westen geflüchtet waren.

Ihr ganzes Leben lang hatte sich meine Tante nie so etwas wie finanziell Sorgen machen müssen. Die Tausender, die mein Vater so großzügig ohne etwas zurück zu fordern, verteilt hatte, kamen selbstverständlich nicht zurueck. Ich wollte das ja auch garnicht, aber ein bischen zuneigung und vieleicht die frage, brauchst du etwas? Hatte schon einen riesegrossen unterschied gemacht. in momenten wo es wirklich schlimm abgegangen war wie z. b nach dem tod meines vaters und als brody mich immer hatte sitzen lassen. Als der mann von ihr sie hatte sitzen lassen weil sie nicht mehr mit ihm wollte, da wurde sie mit arbeit, dem haus und geld auf der bank verlassen, als brody abhaute hatte ich weder ein telefon, noch wusste ich woher die naechste Malzeit kommen sollte.

Es gab keine moralische, geschweige denn finanzielle, Unterstützung.
Es kam nur ein 'sich dumm' stellen' zurück.

Sie log dann, von wegen sie hätte kein Geld. Und ich, am anderen Ende der Welt, wusste schon, dass sie sowieso allen erzählen würde ich haette sie um etwas gefragt, denn im lästern war sie gut.

Einmal hatte sie meiner Schwester 2 kleine Figuren aus dem Harz geben wollen, zum Geburtstag. Da meinte mein Vater zu ihr, sie solle doch bitte einmal mit dieser banalen Pingeligkeit und Kleinkariertheit aufhören. Er kaufte meiner Schwester ein Parfüm und log sie dann an und sagte ihr, das käme von ihrer Tante . . . .

Nun, das alles zur Seite.

Sie war die ignorante und sterile Tante ohne Ende und das demütigte und belastete mich jetzt sogar noch mehr. Ich fühlte mich total ausgekotzt von jeglicher Moral und jeglichem Anstand. Wie hat mein Vater es nur geschafft, dieser Gefühlstoten Frau, trotz allem immer noch Respekt entgegen zu bringen?

Sie hatte und hat da diese Eigenschaft, andere völlig für dumm zu verkaufen, und das regte mich tierisch auf. Eine Falschheit und kalkulierte Schlechtigkeit steckte dahinter. Ein großer Geiz. Zig-Tausende bei der Bank. Ihre Nichte, die sie kannte seit dem frühesten Kleinkindalter, in Amerika, mutterseelenallein, die versuchte mit dem größten Schock ihres Lebens klar zu kommen. Ja, ich war schon unglaublich frech, einmal um Hilfe zu bitten. Kein tag war so schlimm gewesen als jener wo ich vom tod meines vaters benachrichtigt wurde und das jahr das dann folgte.

Das war inzwischen irgendwie das einzige, was in meiner Welt noch übrig war.

Das und die Verantwortung mit den Tieren—ich hatte jetzt keine Kunden mehr oder den Reitstall,. einmal fuhr ich dann wieder zu dem ekligen pferdeschlachthof in kaufman tx. ich musste gelegendlich, genau so wie ich zu den auktionen ging sehen was los war. ich musste immer sehr unauffaelig dabei sein denn wenn man schnell fuhr bemerkte man nicht was los war. Schockiert war ich immer wieder ueber die tollen pferde die man sah. Manchmal sahen sie so gut aus in gestalt oder farbe das es mir unerklaerlich war wie die tiere dort gelandet waren und es brach einem das herz.

Ich fuhr ein bisschen weiter und sah wie auf einem Fließband Gerippe und Knochen aus einer Öffnung des Dachgeschosses raus kamen und mir wurde völlig spei übel. Ich hatte fast das Gefühl, mich in einem horrorFilm zu befinden, einem wieder lichen real life snuff slasher film. Montagmorgens waren immer die meisten pferde, manchmal an die hundert dort am stehen.

Seit diesem Montag Morgen und dem Anblick wie Leben in ein Gebäude gezwungen wurde um am andern Ende als ermordet raus zu kommen, neben allem was ich mit mir herum schleppen musste an emotionalem, totem Müll hatte ich oft den Gedanken, was ich nur machen konnte um zu helfen, diesen Ekel mit dem Pferdemord ein Ende zu setzen, oder wie ich zumindest dazu beitragen konnte.

Das Image welches ich dort erblickt hatte ging nie wieder aus meinem Kopf heraus. Und diese Welt in der ich lebte war schon ein perverser Platz für all jene die schwach waren, oder auch nur zur falschen Zeit am falschen Ort waren. Wie Kinder, Tiere oder vielleicht sogar ich. Dann machte ich mit den pferden weiter und ging weiterhin zu Auktionen.

Einige Monate zuvor hatte ich mir noch ein Quarterhorse Hengstfohlen gekauft der von einer Pferde-Auktion beinahe wegen einer Verletzung am Bein als 6 monate altes fohlen zum Schlachthof geschickt werden sollte. er hatte auch papiere.

Es war oft immer wieder schwer. Die jahre davor steckten mir immer wieder im knochenmark. Ich glaube wenn man einmal von grosser armut gelitten hatte, dann erhohlt man sich nicht so schnell wieder davon. die vielen anekdoten waren in iher zahl fasst im unendlichen. Grade auch wo vor ich angst hatte das es wieder passieren wuerde, so wie als sie kamen um mir und brody den strom ab zu stellen. sie mussten sogar am fruehen morgen mit einem krahn anrollen denn sie hatten angst vor den relativ grossen hunden welche sich im garten herum strolchten in den arsch gebissen zu werden. Es war morgens um sieben uhr und ich wachte auf weil das brausen der der klimaanlage einfach aufhoerte, denn bei diesem brausigem gereusch schlief es sich immer so gut. dann war ich natuerlich total fertig.

Als der Strom weg war schaute ich brody an. Wir hatten keinen müden Penny mehr auf der Naht. Ich flennte und war sehr gedemütigt. brody wusste auch nicht weiter, so kamen wir zu der Nummer mit dem Verlängerungskabel und den 5 Steckern, die wir an das solche angeschlossen hatten um wenigstens den Ventilator, die Kaffeemaschine, den Fernseher und eine Lampe—um Abends etwas Licht zu haben—anzapften. Somit war die Demütigung und Hilflosigkeit fürs erste überwunden.

Durch diesen gewissen Lebenserhaltungstrieb fühlten wir uns dann sogar fast gut. Denn man war nicht mehr ganz so das Arschloch für das System. Der Nachbar, der uns bei sich anzapfen ließ, war ein ziemlich entspannter cubaner, der meistens in Florida rumhing. Dem war das alles egal.

Dann war es jedoch so, wenn die Zeit es wollte, dass mir der Tod immer wieder einen Besuch abstattete, nachdem meine Asta gegangen war. Mittlerweile hatte sich mein Immunsystem fast gegen ihn ausgestattet, aufgrund der vielen emotionalen Bindungen zu den Tieren.

Asta war die Hündin, welche ich räudig in New York aus der Gosse aufgesammelt hatte. Die für fast neun Jahre wie mein Schatten war, und mir unendliche Liebe und Treue entgegengebracht hatte.

Sie wollte mich nicht so richtig verlassen, aber ihr Körper hatte andere Pläne.

Es fing in einem Dezember an, dass ihre Nase nicht mehr feucht war und sie immer magerer wurde, weil sie einfach nicht mehr fressen konnte. Oder wollte.

Einst ein kaum in Worte zu fassendes Vielfraß, mit einer Vorliebe dafür, volle Mülltüten zu zerfetzen, sobald ich das Haus verlies, und vergessen hatte diese raus zu stellen. hatte sie nun auf garnichts mehr appetit und wurde immer schwacher.

Ich lachte immer wenn ich nach Haus kam, denn es war so niedlich wie Asta ihren Fraß, den sie damals als Straßenhund aus Müllsäcken bezogen hatte, nie vergessen konnte und den Müll sorgfältigst über den ganzen Küchenboden ausbreitete, und mich dann mit großen, schwarzen Kulleraugen schwanzwedelnd ansah, als wolle sie sagen:

„Du wusstest doch, dass man den Hund von der Straße nehmen kann—aber die Straße, die kann man nicht von dem Hund nehmen. Du meine Retterin, ich liebe dich so sehr, denn bevor du dich meiner annahmst, wusste ich nicht, dass es gutes gibt."

Als sie dann zu schwach wurde um raus zu gehen und ihre Geschäfte zu erledigen, einst so würdevoll und sauber, fing sie an sich zu misten. So badete ich sie immer, während sie mich anschaute, als wolle sie sagen: 'Ich muss jetzt bald gehen'. Und so ging das Wochen lang bis sie dann zu schwach war den Kopf zu heben, als ich von der Arbeit kam. Aber sie wollte einfach nicht loslassen, oder sich einfach nicht von mir trennen, so schien es.

Am nächsten Tag unter allem Kraftaufwand, zu dem ich in der Lage war und einer unermesslichen, fürchterlichen Trauer, lud ich sie in meinen Pickup und fuhr sie zu einer Stelle, wo die Erlösung durch einschläfern kam.

Ich weiß noch, als sie dann ganz weg war, wie dieser heulende Schrei aus mir raus kam—ich fühlte mich, als hätten sie mir ein Stück innerstes entfernt—, und ich schwor mir, dass es das letzte mal war, was das sterben anging, der Tod mich kontrollierte. Und so entschloss ich mich, mit dem Tod ein Verhältnis aufzubauen.

Viele pferde die alt waren taten mir auch leid. Hier wurden pferde oft so geschunden das sie mit acht oder neun jahren schon als alt galten.

Denn hier hatte niemand Zeit oder Geld für Pferde Rente. Wenn dann nur wenige.

Und dann ging das Leben weiter mit Wochen und Monaten in denen der einzige Tod, der sich dann wieder ankündigte, erst mal „nur" der Tod meiner Ehe mit brody gewesen war. zum glueck.

Die falsche Auswahl von falschen Freunden und Depressionen über unsere Armut und dem ganzen struggle hatte bei ihm wohl Depressionen ausgelöst und er konnte mit seinem Lebensablauf nicht so gut klar kommen. Auch sein Lebenslauf war ein gewaltiges Chaos gewesen.

Nur die Verbindung mit den Tieren sorgte immer wieder für Kraft bei uns beiden.

Nichtsdestotrotz jedoch hatte mir sein egoistisches Verhalten großen Schmerz und großen Frust, und zum Teil auch große Angst zugefügt.

Ich kam mir sowieso schon meistens wie eine Verliererin vor.

Ich konnte nicht begreifen, wieso das Glück, oder das was wir Frauen als Glück definieren, oft nicht einigermaßen beständig sein konnte.

Schon als Kind niemanden gehabt zu haben, dem ich irgendwie richtig vertrauen konnte. Oder einen Menschen, der mir zeigte was Beständigkeit bedeutete.

Der Sommer 2007, und 2008 war unendlich geplagt und als einziges hatte ich inzwischen eine Art Therapeutische Zuwendungsquelle, die Auswahl einer der Christlichen 1 800 Hotline-Nummern, welche es hier in den USA gibt.

Eigentlich sind diese Hotlines ganz gut, denn ich lernte, dass Gebete gemeinsam stärker sind, als wenn man es nur für sich selbst tut.

Es gab zum Beispiel den Fernsehchannel 'Daystar' und 'Prayer Worriors', und dort rief ich an.

Aber selbst dort sagten die Christlichen Helfer, dass wenn eine Ehe so unnütz und daneben war, und der eine den anderen durch seinen Frust immer wieder nur die Energie zieht, oder durch fast schon krankhaftem Egoismus zerstörte, es allein besser wäre, und ich lieber Gott vertrauen sollte, anstatt einem mann der nicht zu mir passen wuerde.

Denn dieser würde mich nicht hängen lassen, was auch immer passieren würde so lange ich betete und glaubte. Das half dann fast immer, wenn auch oft nur ein wenig. Oder was ich als wenig empfand. Auf der anderen seite hatten wir menschen glaub ich die tendenz oft nicht zu realisieren wie viel glueck wir manchmal hatten und sahen nicht wie viel glueck es war nicht obdachlos zu sein und jeden tag frei zu sein, und soetwas wie seine eigenen entscheidungen treffen zu koennen.

Trotzdem ging vor allem der finanzielle struggle weiter und ich werde meine verbrannten Füße nie vergessen, in den Monaten Juli und August.

Ich hatte nur ein paar Sandalen, von denen der rechte schon so durchgelatscht war, dass er mir immer wieder vom Fuß ab fiel und ich wie behindert herum humpelte.

Der texanische Boden war mitunter so heiß, dass man ein Ei darauf brutzeln konnte. Ich hatte zwar keine Eier zum braten, aber dafür Brandblasen am Fuß.

Eines morgens bei den Pferden tauchte eine Frau auf, die ich vorher noch nie dort gesehen hatte. Sie sah mich an und sagte, sie hätte ein paar Schuhe im Auto, gab sie mir, und fuhr wieder davon.

Und da war dann das Gefühl und die Bestätigung, dass ich wirklich nicht allein war und Gott für jeden, auf seine Weise, auch wenn wir es oft gar nicht realisieren wollen oder können, für uns da ist. Denn alles gute und positive kam von gott.

So lange wir es nur zulassen.

So verging dieser Sommer und es folgte wieder ein Bilderbuchartiger Herbst, wenn auch nur vom Wetter her.

Hier in den Staaten sagt man zu dem Herbst, der sich bei sehr warmen Temperaturen bis zu Ende Oktober hin streckt 'Indian Summer'. Ein wahnsinnig farbenfrohes und wunderschönes Naturspektakel. Weigen meinen unkosten und weil die witschaft immer schlimmer wurde, hatte ich einmal das fieseste Weihnachtsfest, das ich bisher erlebt hatte. Es war extrem kalt draußen und ich hatte wieder Angst, dass mir jeden Moment der Strom abgestellt wurde.

Als dann endlich Heiligabend war, war ich erleichtert, denn ich wusste, dass das 'Stromabstell Pack ' nicht mehr unterwegs sein konnte.

Hinzu kam, dass sich alles inzwischen rasend verändert hatte.

So viele Menschen hatten mittlerweile ihr Haus verloren. Meistens nach der Arbeitslosigkeit. Das Elend war an jeder Ecke sichtbar.

„Keine Wohnung, keine Arbeit, keine Arbeit, keine Wohnung!und auch kein auto.

Der Teufelskreis des Lebens bleibt die zynische Belohnung."

(Zitat: Blumfeld, „Ich Maschine" / Copyright)

Schlimm, ohne das eine das andere nicht zu bekommen.

Ein neuer Anfang so gut wie unmöglich. Abgeschrieben. Wertlos.

Der einst so glamouröseee Staat Texas, welcher Anfang der 90 Jahre noch das totale Mekka für big business und luxuriösese Lebensverhältnisse war, und alles mögliche an gutem hatte, war total zusammen gebrochen. Zusammengebrochen durch eine lateinamerikanische Immigranten Welle.

Fast egal um welche Form von Arbeit es sich handelte—es sei denn man war Anwalt oder Arzt, oder hatte seine eigene Corporation jeglicher Art—es war nicht mal eben so wie früher schnell an irgendeinen Job ran zukommen. Und ein land wie die gute USA das sich dann noch auf machte, auf dem anderern ende der welt, polizei' zu spielen, war dann mit wirtschaftskriesen auf kosten des volkes keine ausnahme und wurde auch nicht verschont.

Es gab kaum eine Chance Geld zu verdienen, denn alle Jobs waren total unter bezahlt.

Menschen krochen auf engsten Raum zusammen. Die Trailerparks zum derbsten überfüllt. 6 Köpfige Familie in mickrigen oder apartments. zusammengepfercht, um nicht vollkommen unter zu gehen. Viele schafften es allerdings auch nicht mehr in die Trailerparks. Keine Existenz mehr. Ein schneller und harter Zerfall.

Kinder wurden abends zu den 'Eiswagen', die mit dröhnender Kleinkinder Melodie durch die Nachbarschaften fuhr, geschickt.

Mit einem oder zwei Dollar in der Tasche um sich ein Speiseeis zu kaufen, das sämtliche Bedürfnisse abdecken sollte. Es war das Abendbrot für viele amerikanische Kinder aus der unteren Klasse.

Ich dachte wenn ich so etwas sah, oft an den gedeckten Tisch in meiner Kinderzeit, der immer voll war—denn trotz des emotionalen Desasters hatten wir damals wohl mehr als viele andere Kinder heute. Zumindest mussten wir keinen Hunger leiden.

Und dann wiederum, trotz des frohen Mutes, den ich mir immer wieder selbst zu sprach, wusste ich allmählich, dass es wohl alles zu nichts mehr gut war. Und wieder war da diese Angst vor der Zukunft, sowie vor dem ungewissen, und es waren immer wieder die Lasten aus der Vergangenheit. wie gern haett ich mal nach europa gewollt.

Oft wusste ich nicht, wohin mit allem.

Ein Vorfall aus dem Jahre 2005 war, dass ich aus einer Laune heraus bei Rialto in Berlin, der rialto film firma Firmain berlin anrief, und kurz mit

'Angela', sprach. Wendland war inzwischen verstorben, aber sie war Jahrzehnte seine rechte Hand gewesen.

Trotz der vielen Jahre, die inzwischen vergangen waren, wimmelte sie mich aber immer noch ab und fing auch an, dick und breit zu lügen.

Die Lüge war, als wir auf das Thema Vergangenheit und struggle kam, der Spruch, dass auch mit den anderen Frauen welche mal in 'Otto Filmen mitgespielt hatten 'nichts mehr' lief und man nie wieder von ihnen gehört hatte.

Warum waren sie alle immer wieder so betrügerisch mir gegenüber, wenn ich mich mal meldete. Diese Frage ging mir einfach nicht aus dem Kopf.

Angela war sich wohl auch nicht im klaren darüber, dass ich in dem neuen Zeitalter der Technik durch das Internet jetzt sowieso so vieles heraus finden konnte. Sie hatte sich in ihrem komfortablen Leben womöglich keine Gedanken darüber gemacht, dass jede Lüge irgendwann an das Licht kommt.

Inzwischen war sie verlogener als 18 Jahre zuvor. Die Arme.

Das war nicht unbedingt neu, nicht ungewohnt. Eher nur unschön.

Und vielleicht noch vieles andere. sie musste eben ausstragen was ihr von gewissen obrigkeiten befohlen wurde.

Es war alles so anstrengend. Immer galt es nur alles alleine zu managen.

Praktisch—und emotional natürlich genauso.

Aber das kenne ich ja schon so gut. Kurz bevor ich durchdrehe, versinke ich wieder in meiner Traumwelt. Ich Träume von Wünschen.

Kapitel 12

Wunsch ist Wunsch

Es war inzwischen an der Zeit meines Lebens wo ich so manche amerikanische mentalitaet adaptet hatte. Und eine beherschung war der gedanke'ich kann nichts anderes aus diesem oder jenen machen, also muss erst mal alles so bleiben wie es war. Aber ich begriff nicht wieso sich noch viele Menschen, darunter fast ausschließlich die Verwandschaft, immer wieder so unbarmherzig und unnachgibig kalt mir gegenüber verhielten.

Sie war permanent anwesend, diese Vergangenheit, die vielen unglücklichen Beziehungen seitdem ich hier in diesem Land war, und die grossen, fast selbstzerstörerischen finanziellen Probleme, die mir mittlerweile schon auf die Gesundheit geschlagen waren. Zu viele Sorgen. Zu oft der hartnäckige Besuch meiner besten Freundin, der Einsamkeit.

Die psychische Demütigung, die man ertragen musste wenn das Leben eine Sackgasse im Ami Staat Texas war, kann man sich natürlich kaum vorstellen. An meinen finstersten Tagen sass ich morgens bei meinen Pferden, denn bei denen fing ja jeder Tag an und wusste ueberhaupt nicht mehr was ich noch glauben oder nicht glauben sollte. ich wusste nur, und hatte immer das gefuehl das gott dort sehr nah war und dort redete ich dann immer meine schutz gebete. Es hiess in christlichen predigten oft das gott einen plan fuer ein leben hatte, das man seiner leidenschaft nach gehen sollte und ein guter mensch sein sollte, und dann wuerde ein positiver plan sich entfalten. ich jedoch sah allmaehlich nicht so viel entfaltung in meiner zukunft. Es hiess gott wuerde einen menschen, wenn man ihm vertraut formen, damit man character bekam, und das einem leben dann tolle dinge wiederfahren wuerden, ich jedoch hatte schwierigkeiten das einzu sehen. Wie so viele menschen fragte ich mich wo

134

gott war. Warum hatte ich so leiden gemusst?warum hatte er mich nicht mehr haben lassen als so ein hartes emotionales schicksahl, ueberschattet mit armut ?warum war ich in texas und sah alles den bach nur runter gehen und warum kam ich hier nicht wieder fort?wie wuerde ich jeh wieder zu geld kommen?fragen auf welche ich weder hoffnung noch antwort hatte.

Inzwischen wohnte ich nur noch in einem kleinen Zimmer. Hatte keine andere wahl gehabt als die scheidungspapiere zu unterzeichnen welche ich einfach versuchte als Verlust wegen Pech zu verbuchen. und dann auch als glueck. Da gab es zusätzlich nur noch viele Verkehrs Tickets, weil ich mir weder den TÜV leisten konnte, noch die Reparatur des Rücklichtes und das blöde arbeiten in einem dämlichen Club an der Bar.

Es weckte ein Gefühl von Unterlegenheit. Meines Lebens nicht mächtig zu sein.

Die sterilen Verwanten, die Trennung zwischen meiner Schwester und mir, Haus weg, Vater weg und alles eine Sackgasse, was das Leben anging.

Wenn am Ende eines Tages alles gesagt war, kamen mir immer wieder die Pferde in den Sinn die elendig und qualvoll ermordet wurden, damit in Europa, Mexico und Japan auch immer schön weiter Pferdefleisch, als sogenannte Delikatesse, verzehrt werden konnte. Als sei dieses Fleisch ungedoped.

Es war so ein Gefühl aus meiner Magengrube und Seele heraus und der Wille dass ich irgend etwas tun musste.

Aber wie? Wie sollte ich nur helfen? Es kam mir vor als sei ich das minderwertigste überhaupt. Denn die Gegenwart war nichts anderes als eine 36 jährige Frau, die selbst oft grade eben genug zum dasein hatte.

Die Gegenwart war arm.

Die Tiermast verbraucht enorme Mengen an Getreide und Wasser. Im Jahr 2002 verschlang sie über ein Drittel der weltweiten Getreideernte—sage und schreibe 670 Millionen Tonnen. Tendenz: Steigend! Zur Produktion von zum Beispiel 1 kg Rindfleisch sind insgesamt 15.500 Liter Wasser erforderlich, inklusive Getreideanbau, Pflege und Wasser für die Tiere.

Die wachsende Nachfrage nach Getreide lässt den Marktpreis weltweit steigen, den sich die reicheren Länder leisten können, ärmere aber nicht.

Damit trägt die Massentierhaltung in erheblichem Maße zum Welthunger bei. Die Weltbevölkerung wächst ständig. Die Grundnahrungsmittel Wasser und Getreide sind zwingend erforderlich, um alle Menschen zu ernähren. Die Massentierzucht stellt eine Verschwendung wertvoller Ressourcen dar und ist zudem ethisch nicht vertretbar. Aber das ist ein Thema für sich.

Seperat kam dann das Elend mit den Pferden dazu.

In den Staaten Texas und Illinois befanden sich die Pferde zunächst in sogenannten Hauptschlachthäusern der USA. Diese waren in Texas das Dallas Crown und das Beltex, und in Illinois das Carvel.

Zusätzlich gabe es die Pferdemord—Fabriken in Mexico und Canada.

Es war mir oft ein Rätsel, wie die Leute drauf waren die dort arbeiteten. Es jeden Tag auszuhalten, die unschuldigen zu morden, zwischen unmengen von Blut und Verwesungsgestank.

Ich wusste ja, dass es sogenannte „Killerbuyer" gab, welche auf Pferde Auktionen gingen um gesunde Pferde, ob nun Araber, Rennpferde, die einfach kein Rennen mehr gewonnen, frische, gesunde Ponys, aus denen die Kinder nur rausgewachsne waren, oder sonstas weg kauften, nur um sie abschlachten zu lassen, denn sie hatten Verträge mit dem Pferdeschlachthäusern. mittlerweile wollten viele buerger das diese praxis aufhoerte. Die tierschutzvereine, humane societys, und viele rettungsaktionen und aktivisten hatten darum gekaempft die schlacht hoefe, mit den hoechsten, federalen gerichten schliessen zu lassen. und dann so gegen 2006/2007 war es endlich der fall. die auktionen jedoch waren nach wie vor schwer zu ertragen. Die wirtschaftslage, welche sich nie mehr zum besseren zurueck oder voranentwickelte, machte es in einem staat wie diesen hart fuer menschen sich tiere zu halten. Die vielen trockenheiten machten es hart, weil heu bzw. Grass nicht gut wachsen konnten, und das war ja so unheimlich notwendig fuer pferde. auf den auktionen war es dann oft das selbe bild.

Nachdem ich dann noch einen Haufen total abgemagerter Pferde sah und immer wieder Tiere ausgeladen wurden, wie Ziegen und Mulis, wurde mir immer übler. Ich haette damals nie geglaubt das es alles noch schlimmer werden wuerde als es schon war.

Der Auktionär ratterte immer in einem derart breiten texanisch, dass ich ihn kaum vertsehen konnte, hauptsächlich etwas von irgendwelchen Zahlen.

Was mich aber seltsamer Weise mit am meisten faszinierte, war, wie die Kerle das machten mit ihrem Kautabak und dem ausspucken. Die taten es ständig und so oft wie sich in Europa geräuspert wird. Das ist extrem ungewohnt. Und schwierig, weil es in dem Kulturkreis, in dem ich aufgewachsen bin ja auch eher etwas respektloses hat.

Ich finde es nur eklig. So ein gespucke und gerotze hatte ich nun wirklich noch nicht erlebt. Damals nahm ich mir etwas vor. Und das war:

Sollte ich jemals ein Buch über Texas schreiben wird es "Spucke von oben" heissen! Genausogut könnte ich es natürlich auch "Achtung, Spucke" oder "Vorsicht! Spucke von rechts und links gleichzeitig" nennen.

Da besteht kaum ein merklicher Unterschied.

Auch wie die sich überhaupt gegenseitig verstehen konnten. Wie an der Börse.

Von dieser Überraschung und Faszination ging es dann zum eigentlichen Auktionsvorgang.

Ein Pferd nach dem anderen wurde durch den Auktionsring gescheucht, wie bei einem Stierkampf die Stiere in ihre Todesarena.

Ein typ aus kaufman, tx war bekannt wie ein bunter hund in diesen kreisen.

Mittlerweile auch selbst Auktionär, belieferte er das Schlachthaus, bevor es endlich dicht gemacht wurde ohne Ende. Er hatte volle Lippen, stahlblaue Augen—strahlte aber eine unendliche Kälte aus, ich fühlte mich fast als sei ich im Himalaya unterwegs—und alles in allem ein sehr interessantes Gesicht. Leider aber eine Miene die niemals verzogen wurde.

Als der Abend näher rückte, wurde die Stimmung immer seltsamer.

Einige von den Typen schienen zu merken, dass wegen meiner Gegenwart etwas anders war. Sie sahen wohl, dass ich in meiner großen Handtasche eine Spion Kamera hatte und—wenn auch unauffällig—vieles filmte.

Einer der Glotz-Gründe waren womöglich meine langen, blonden Haare. Und genau so, wie ich mir keine heiss aussehenden Typen als Pferdeschänder vorgestellt hatte, hatten die sich wohl keine attraktive Frau als Tierrechtlerin, die unter anderem ganz massiv die Pferdewelt verändern wollte, vorgestellt.

Es gab nicht nur neugierige, irritierte Blicke, sondern auch volle Kanne die flirtenden.

In meiner Tasche hatte ich aber nicht nur die Kamera, sondern sicherheitshalber auch noch traenen gas.

Denn ich war darauf vorbereitet, dass ich jeden Moment von den Typen angefallen haette werden koennen, und von der ganzen Clique wegejagt werden könnte.

Mit spray in der Tasche fühlte ich mich einigermaßen sicher.

Ich hatte die Tasche immer so gepackt, um wenigstens einem dieser Killerbuyer, sollten sie sich auch nur in meine Nähe wagen, gleich voll eins in die Fresse zu spruehen. Nur für den Fall, damit sie auch gleich Bescheid wußten: Vorsicht! Vorsicht vor dieser Frau. Kein blondes Blödchen, sondern eine, die sich zu helfen weiß und schon mal gar nicht kuscht vor ein paar Kerlen!

Aber es blieb nur beim gaffen und sonst geschah weiter nichts. Ich glaube auch das diese art von leuten von natur aus feige waren. Sie konnten wenn dann nur tiere umbringen und sich an soetwas wie der mast und schlachtindustrie beteiligen ansosten waren sie alle feige.

Wie auch immer, war irgendwann so eine Auktion vorbei. Die Pferde wurden verladen, und die grellen Lichter gingen langsam aus. Was mich zusätzlich umgarnte, war ein nächtlicher, fast unheimlicher Nebel, der sich kalt und feucht auf mich legte. Beklommenheit. So wie die Dunkelheit so vieler Auktionsnachte und alles was vor mir lag. Auf dem Weg nachhause kam die Traurigkeit über die Tatsache, dass ich für keins dieser vielen armen Pferde auch nur das geringste tun konnte. Wenn ich manchmal einmal monatlich von einer auktion in stevenville, der groessten' killerauktion im ganzen staat zurueck kam, und um 2 uhr morgens im bett versank und eventuell einige stunden spaeter schon wieder aufwachte, dann musste ich oft heulen. dieser pferdemarkt war jeden ersten Freitag im monat und dauerte von 4;uhr nachmittags bis in die morgenstunden.

Ich dachte an meine eigene Angst. An meine Verwirrtheit und an meine Einsamkeit.

Ich dachte daran, wie oft ich hilflos jemandem ausgeliefert war, und es kein entkommen gab. So ähnlich mußten sich die Tiere doch auch fühlen.

Nach diesem Erlebnis, gefüllt von neuen Eindrücken, war mein inzwischen größtes begehren, dass ich irgendwann, wenigstens ein kleines bißchen etwas ändern könnte, wenn auch nicht alles.

Ich sah so unendlich viel Leid und Elend. Denn Pferde jeder Art—jung, hübsch, kräftig, gesund, und sehr herunter gekommene, fast verhungerte Tiere fanden durch diesen Platz ihr vorzeitiges Ende.

Viele Perde waren so unterernährt, dass das Wort Gerippe passender wäre. Und einmal sah ich ein Pferd, welches so dermaßen geschunden—bzw. verkommen war, dass es auf der Auktion nicht wieder aufstehen konnte.

Das arme Tier war kaum mehr in der Lage zu laufen. ich glaub es hatte noch nie einen hufschmied gesehen.

Ich dachte oft an meine alte Reitlehrer aus dem Norddeutschen—und Flottbeker Reiterverein und fragte mich, wie sie—oder alle Reilehrer der „alten Schule" wohl reagiert hätten bei diesem Anblick. Die hätten sich aber nicht mit ihrer versteckten Kamera wieder vom Acker gemacht, sondern den Cowboy—Rotzjungen gleich mindestens per Ohrfeige den gar aus gemacht.

Kindern wurde überhaupt nicht bei gebracht, ihre Pferde zu respekrieren.

Die hopsten auf den armen Rücken der Pferde herum, als sei dieser ein Trampolin.

Dann wiederum gab es zur gleichen Zeit viele Menschen die über das Elend informiert waren und Herz und Verantwortung hatten und an Tierrettung und

Tierrecht glaubten, und sich auch entsprechend einsetzten. Nur leider traf man diese Art von Mensch kaum auf den Auktionen.

Was man auf den Auktionen sah, war ein zum Teil sehr primitiver Mischmasch von den Nachkommen derer, die das Land vielleicht irgendwann einmal erobert hatten. Wie da die Ponys der Indianer abgeschlachtet wurden, die von dem Indianer-Häuptling Sitting Bull. Er mußte am lebendigen Leibe miterleben, wie White Trash—übersetzt: weißer Müll—, 800 seiner Appaloosaponys forderte, damit die Indianer schwächere Kämpfer ohne Pferde wurden.

Es waren die Nachkommen von der primitivsten Form von Leben.

Keine Erziehung, zum Teil konnten diese Leute noch nicht einmal lesen oder schreiben, aber von dem Wahn besessen, das Recht zu haben zu entscheiden, welche Pferde sterben oder leben sollten.

In diesen Kreisen aufgewachsen, nichts besseres oder anderes gelernt hatten.

Wie auch immer. In den darauf folgenden Monaten wurde wegen meines Auftauchens dort gerätselt und viele Leute wurden neugierig.

Ich sah dann immer wieder fürchterliche Szenen von gequälten Pferden, Einmal erlebte ich sogar, wie ein Pferd zusammengepfercht mit einem Haufen anderer Pferde, sich selber ganz doll geschnitten hatte und irgendwie das gesamte fell vom rechten hinterbein weggezogen hatte. oder ich hoerte eine horrorstory, wie bei einem pferde transport der boden des anhaengers durch gefallen war und das die pferde zerfetzt und verblutet und tod irgendwo angekommen sind.

Mittlerweile wurde das alles von dem Besitzer der Auktion, einem sehr alten Mann Namens Clyde Boyd, ignoriert. und auch auf der auktion in stevenville.

Aber was mich mit am meisten aufregte, war, wie von den Angestellten dort immer schön fein säuberlich, in die anderer Richtung geschaut wurde.

Denn außer einigen anderen Sachen, fand ich vieles gar nicht so schlimm ausser dieser gewissen Charakteristik einfach in die andere Richtung zu schauen.

Inzwischen führte ich fast ein kleines Doppelleben, das daraus bestand wie blöd zu schuften und in einem "dead endjob" festzustecken.

Daneben keine Aussicht auf Erlösung, Verbesserung oder Beförderung aus dieser total ausweglosen Situation zu bekommen, aber dennoch unter diesen miesen Voraussetzungen versuchte ich alles zu geben, mit allem aufzukommen und wenigstens einige Leben zu retten.

Ein Israelisches Sprichwort sagt: „Wenn du nur eine Seele rettest, rettest du damit die ganze Welt".

Aber wohin kann ich mich begeben, um neue Kraft zu tanken? In mir ist es so voll, und ich weiß nicht wo oder wie ich den Ballast abladen könnte.

Wenn meine Seele so laut schreit, dass ich taub und blind werde für andere Dinge, dann ist es an der Zeit, mein Leben zu ändern!
Das geheimnisvolle, große Hier und Jetzt.

KAPITEL 13

Der schwarz—weisse hengst

Warum brauchte man überhaupt so unbedingt einen Partner oder Mann war meine große Frage. Ziehen sich Gegensätze wirklich an?

Wir Frauen werden oft immer noch von klein auf an so erzogen, dass wir uns auf den 'Richtigen' vorbereiten sollen.

Seit meinem 15ten Lebensjahr war ich für Männer nur ein Wegwerfprodukt, und hatte durch schlimme psychische und physische Misshandlung meine Schäden davon getragen. natuerlich musste ich ueber allem stehen.

Ich für meinen Teil vermisste es kein bisschen, einen Idioten auf meiner Couch sitzen zu haben, der mir sowieso nicht seine Hand reichte wenn ich am Boden lag. denn so war es ja mit brody gewesen. und mit den anderen, verhaeltnissen' meines lebens. Ich begriff auch nicht, wie viele Frauen sich nach langer Zeit in einem Verhältnis, womöglich aus Gründen der Sicherheit oder des nicht allein sein wollens, in dieser Rolle wohl fühlen können.

Es war nur oft so, das ihnen von klein auf an eingetrichtert wurde, dass sie mit der Liebe ihres Lebens zusammen sein sollen und dieser 'Liebe' alles, aber auch wirklich alles geben sollen.

Oft haben Menschen nach 5, 10, 20 oder 35 Jahren keinen sexuellen Appetit mehr auf den Partner. Frauen wird eingeredet, dass sie schneller altern. Männer werden im Alter oft immer attraktiver. Und wir Frauen? Oh Hilfe, eine neue Falte im Gesicht—wieder ein Punkt der uns wertloser macht.

Natürlich will ich nicht ausschließen, dass so etwas wie die ganz große monogame Liebe nicht existiert. Aber nur in einigen sehr wenigen Fällen.

Männern ist seit eh und je der Seitensprung gestattet. Sie prahlen mit ihren „Eroberungen". Aber wehe wehe wehe, wenn wir Frauen auch nur einmal an jemanden anderes denken. Dann waren wir schon das letzte . . . von dem allen glaubte ich mich am ende geloesst zu haben.

Ich genoss es mich ein wenig zurecht zu machen und auf Auktionen zu gehen.

Die Blicke einiger Männer, die mir zugeworfen wurden, sprachen Bände.

Ich hatte mir geschworen, dass mir nie wieder ein Typ das Leben verbaute oder mich von meinen Vorhaben abhalten sollte, geschweige denn mich nach unten ziehen oder als alleinige für die finanzielle Sicherheit sorgte, oder mich je wieder so runter ziehen konnte wie ich es bereits erlebt hatte.

Ich fand meine neue Freiheit toll und erlaubte mir kleine heimliche Verknalltheiten hier und da. oft war mein kopf mit irgendetwas voll.

Das war viel besser als die Fesseln in einer Beziehung, welche das Gute und sich selbst verloren hatte und einem das Leben nur noch versaute.

Auch Frauen haben das Recht, unabhängig vom Alter, Appetit auf neue Partner oder diese kleinen Verliebtheiten in das Unbekannte zu haben,

Aber das muss ja jeder für sich selber heraus finden. Nur der Volksmund, in fast jeder Kultur war es welcher dies den Frauen verweigerte. Einst oder anders.

Davon abgesehen war es nun jedoch nach wie vor meine Mission Pferden zu helfen. Ich hatte richtig den 'Drive' das zu tun.

Mein Herz und meine ganze Seele waren so richtig dabei, wie in einem sog oder Strudel des emotionalem. Es ist die Bestimmung meines Lebens.

Obgleich andere immer wieder dachten, was macht die nur, oder wie schafft die das.

Natürlich war das positive das ich spirituell immer wieder dazu lernte, so wie durch das geben und helfen. Nur in jeder anderen Hinsicht kam es mir immer wieder so vor als sei alles andere in meinem Leben auf der Strecke geblieben.

Das mit Clark, der mir immer wieder finanziell sehr am helfen war, war ein unglaublicher Segen. Doch meine wahren Gefühle und das was ich in meinem Leben wirklich wollte schien trotz der Tatsache das manchmal finanziell bessere Zeiten angebrochen waren nicht zu kommen.

Das größte und einzige Glück welches ich empfand war, dass ich auf viele Pferdeauktionen ging und somit mehr und mehr Pferde retten konnte vor diesen ekelhaften Schlachthäusern.

Es war nun Sommer 2008 und brody hatte herausgefunden dass es mir besser ging.

Er rief mich an und wollte zu mir zurück kommen. Ich dachte an die male, die ich ihn abgeholt hatte. Wie kurz es nur dauerte, bis wir wieder unerträglich miteinander umgingen. So hatte ich dankend abgelehnt. er wollte ja auch nur das neue auto geniessen und die anderen dinge die ich jetzt geniessen konnte, die nie da waren waerend der erbarmlichen zeit mit ihm.

Die Sommersonne wütete am Himmel und eine neue Trockenheit war ausgebrochen, welche die Heu preise wieder ins unermessliche trieb.

Mittlerweile hatten sich viele Tierrechtlergruppen gegründet und die Mehrheit der Bevölkerung hatte erreicht dass die Pferdeschlachthäuser dicht gemacht wurden.

Die Leute denen die Auktionen gehörten und die ganzen Pferdehändler wurden reichlich irritiert. Und noch blutrünstiger. Sie sahen ihre guten Geschäfte schwinden. und dann machten die schlachthauser die in texas dicht machen mussten einfach einen satz ueber die texas-mexicanische grenze, und amerikanische pferde wurden vom selben killerbuyer pack nach mexico verschoben um dann dort getoetet zu werden.

Es war schlimm. Irgendwann im Juli in einer unerträglich heißen Nacht war ich auf der Auktion an der Lawsonroad die auch wöchentlich statt fand.

So viele Pferde brauchten Hilfe. Wasser lief mir aus jeder Pore den Körper hinunter. Es war erstickend heiss.

In einer Box sah ich einen sehr abgemagerten aber immer noch wunderschönen Schwarzschimmel, der ungefähr 3 oder 4 Jahre alt war.

Er war noch nicht kastriert weil er wohl schon seit geraumer Zeit keinen Besitzer mehr hatte, der ihn sich leisten konnten oder echtes Interesse an diesem Tier hatte. Er haette das potential zu einem dressurpferd gehabt. er trabte sogar, so richtig rauf und runter auf der gleichen stelle herum.

Der Hengst schien halb Araber und halb ein Thorobred, also halb Rennpferd zu sein. Er war ein wahrerAugenschmaus für mich, denn er trabte und tänzelte nicht nur. Er tanzte. Er tanzte vor Angst und Aufregung auf der Stelle herum und konnte sich einfach nicht beruhigen wegen der ganzen anderen Pferde und Menschen um sich herum.

Er war wirklich bildschön und ich hatte nur einen Gedanken.

Der war natürlich, dass ich ihn besitzen musste.

Das Tier wurde dann während der länger andauernden Auktion nicht durch den Ring gescheucht und zum Verkauf angeboten, was hieß er sollte direkt nach der Auktion von einem Killerbyer aufgeladen werden und am nächsten Morgen einen qualvollen Tod sterben.

Ich wartete wortwörtlich wie ein Geier. Aber er kam nicht. So ging ich danach zum Auktionsbesitzer und kaufte ihn direkt um Mitternacht.

Deshalb nannte ich ihn 'Midnite'.

Während der ganzen Nacht war mir dann noch ein anderer, etwas älterer schwarzweißer Hengst aufgefallen der total vernachlässigt war.

Während meines ganzen Lebens hatte ich nie ein Pferd gesehen das mich so sehr an das gescheckte Pferd in der alten Serie 'Bonanza' erinnerte. Dieses Pferd war auch für den Schlachthof bestimmt und ich kaufte ihn auch noch. Ich handelte beide Tiere auf einen Preis von 400 USD in cash runter.

Den schwarzweißen Hengst nannte ich dann „Little Joe", denn er war eine totale Kopie von dem Pferd welches der Schauspieler Michael Landon in der Serie immer geritten hatte.

Ich kann mich noch so gut an die Abende erinnern, an denen ich als kleines Kind, ich muss 5 oder 6 Jahre alt gewesen sein als ich bewusst zu denken anfing, immer schon ganz aufgeregt dem Bonanza-life entgegen fieberte. was natuerlich aus dem neusten schrei, einem farbfernseher im wohnzimmer 1972 zum leben kam. Oft sagte mein grossvater der vorm farbfernseher sass; jetzt kommen sie gleich angeritten;

Ich lebte fast die ganze Woche nur für die Szene als die Cowboys auf ihren Cowboypferden sitzend, in der Sonne angeritten kamen und hatte mir so oft schon als Kind gesagt: „Eines Tages sitze ich auch auf solchen Pferden."

Nur leider waren die Cowboys hier in Texas nicht so gutmütig und heldenhaft Nein sie waren eher unmenschlich, ungebildet und wollten ihre Kohle nur mit dem Geschäft des Todes machen.

Aus allem was mal schön und idyllisch war, war nur noch Blut, Gier und Unmenschlichkeit angesagt. Manchmal erlaubte ich mir, die Serie von Bonanza, in denen es immer um Fairness und Moral ging und das Gute immer gewann, mit dem zu vergleichen, was heute so im Fernsehen zu sehen ist. So lange keine lesbenszene noch mit drin ist, kann fasst ueberhaupt nichts mehr gedreht werden.

Kein Wunder, dass es nur noch blutrünstige Idioten an jeder Ecke gibt, und nur noch so wenig Gutes. Und anstatt etwas ueber gnade, charackter und respekt zu lernen, und die thatsache was man sich alles beim fleisch fressen reinzieht, oder vieleicht wie man ein guter tierbesitzer sein kann, hing das volk nur noch an computerspielen, zum teil auch noch brutal pervers, oder an twitter oder fb. Der teufel sass meiner meinung nach sehr im internet. Logischer weise, und dem zu folge scheute ich mich nicht christliche propaganda auf mein profil, wie eben kleine sachen von u tube oder so zu verbreiten. Dem zu folge wurde ich dann in seltenen faellen sogar auch beleidigt oder eine sogenannte freundschaft wurde eliminiert. Grade aus der deutschen gegend. aber mir war das sehr egal. Denn so allein schon fand man viel ueber einen menschen den man eh nicht gut kannte heraus.

So dumm es vielleicht klingt, aber als ich Midnite und Little Joe am darauf folgenden Tag im geliehenen Pferdeanhänger abholte, war ich stolz auf mich und alles was ich gemacht hatte. Es kam mir durchweg positiv vor. Es war ein toller tag gewesen. ich war echt happy.

In meiner Fantasie sah auf der Wiese neben dem Auktionsgebäude in der hellen Texas-sonne Michael Landon, genauso wie in der Serie Bonanza als Cowboy auf einem Pferd, und er lächelte mir zu.

Midnite kam dann erst mal auf eine Ranch, wurde kastriert und ein geritten.

Little Joe musste erst mal an Gewicht zu nehmen. Nach einem Jahr hatte ich ihn aufgepäppelt und ein gesundes, starkes und wieder Lebenslustiges

Pferd gemacht. So schwer es mir auch fiel, musste ich ihn ein Jahr später in gute Hände verkaufen. Ich bekam für ihn 500 USD. keine papiere . . . .

Einige Monate später kaufte ich von dem Gewinn eine junge Araberstute, die auch am verhungern war und an beiden Vorderfüßen eine sogenannte Rehrolle hatte.

Rehrollen entstehen durch ein Fieber in den Füßen das sie bekommen hatte.

Weil sie so stark unterernährt war und höchstwahrscheinlich in einen Futterraum eingebrochen war und sich überfressen hatte, und somit der Körper des Pferdes einen Proteinschock bekam.

Die Hufe mussten erst von einem sehr guten Hufschmied zurecht getrimmt werden, aber nach einigen Monaten erholte sie sich dann. Ich hatte sie 'Marrakesch' genannt, so wie die Stadt in Marokko, denn sie sah aus wie ein marokkanisches Araberpferd. Sie hatte riesige bambiaugen. Zu vergleichen mit einem Bambi-Blick bei Frauen, der in Männern unweigerlich den Beschützer Instinkt weckt. Sie war einfach toll. Nur ihre Vorderhufe wurden nie wieder normal.

Während der ersten Tage mit den neuen Pferden war ich sehr happy.

Es gab für mich nach wie vor kein größeres Glück als zu geben, und Leben zu retten.

Die Pferde waren einfach bildschön und es wäre ein unheimlicher Jammer gewesen, wären sie ermordet worden.

Leider fraß es nach wie vor an meinen Nerven, dass so viele Pferde umgebracht wurden.

Allmählich fing eine Art Schreibtischkrieg an, zwischen sensiblen Pferde Liebhabern—die gegen das ekelhafte schlachten waren—und denen, die dafür waren.

Schlachten. Was für ein Wort. Es zu befürworten und dann das Tote auch noch zu essen. Ekelhaft!

Ein dämonisches Verhalten. Mitgefühl ausgeschaltet, falls es überhaupt jemals vorhanden war.

Zu viel Unschuld landete auf den Tellern meiner Mitmenschen.

Nur weil sie von ihren Besitzern irgendwann hängen gelassen wurden.

Ich empfand die Folgen eben als katastrophal.

Natürlich gab es in diesem Bereich einen Bruchteil der Menschheit welche sich so wie ich über das Elend im klaren waren. Aber eben genau so die—leider—ignorante Mehrheit, die nichts schnallte oder nichts schnallen wollte, und die war meiner Ansicht nach der letzte Dreck.

In diesem Sommer ging ich zu unzählig vielen Auktionen.

Wenn ich auftauchte war die Luft allerdings meistens ziemlich dick. Man würde denken, dass es nichts erstickenderes gibt als Texashitze, im Sommer fast 50 Grad, doch, es gab noch etwas teuflischeres. Das war die Atmosphäre, wenn die Killerbuyer mich erblickten. Bei ihnen war angekommen, dass ich kämpfte.

Für sie kämpfte ich auch dafür ihnen ihren Verdienst zu nehmen.-den sie durchs schlachthof verfrachten verdient hatten.

Nun hatte die Bewegung dann erreicht, dass die beiden Schlacht Häuser in Texas dicht gemacht worden, was viele nicht erwartet hatten.

Aber das Übel war keineswegs vorbei, denn die Killerbuyer entschlossen sich alle zusammen einen Ring zu formen, welcher daraus bestand die Pferde einfach nach Mexiko zu bringen.

Diese wurden dann noch während des längeren Transportes noch schlimmer behandelt und wahrscheinlich noch brutaler ermordet. Es war schrecklich.

Als sei diese Tatsache nicht schlimm genug für Menschen wie mich, kam dann die Laberei und Wichtigtuerei dazu, wenn das dreckige Killerbuyervolk die Mäuler auf rissen und behaupteten, es sei die Schuld der Tierrechtler, dass die Pferde nun nach Mexiko zum morden verschleppt wurden.

Dabei war es doch die Schuld von diesem miesen Drecksvolk, dass das geschah.

Der Staat Texas sponserte inzwischen so genannte 'feedlots' an der Grenze zu Mexiko. Das waren Koppeln auf denen die Pferde „zwischen geparkt" wurden, denn sie wurden sehr unauffällig nach Mexiko verschleppt.

Schuld daran war die belgische Mistgesellschaft 'Beltex', welche sofort Schlachthäuser auf der anderen Seite der mexikanischen Grenze aufgemacht hatte. Es war ein organisiertes Verbrechen.

Ein gewisser Pferdehändler, der ausnahmsweise mal kein Killerbuyer war, hatte mir von schlimmen dingen die passierten auf jener auktion in Stevenville erzählt. denn dort ging ich nicht mehr hin.

Das was immer so passierte, wurde ignoriert, und tierrechtler konnten reichlich wenig tuhen. Denn es waren geld und macht mit allem verbunden. Das war dieser Pferdeverkauf der von 4. 00 Uhr nachmittags bis 2:00 Uhr morgens oder noch länger ging.

Das es der größte Mordverkauf im Staat Texas war, denn über die Hälfte der versteigerten Pferde gingen an Schlachthäuser, und dass alle Killerbuyer immer dort waren.

Dann nahm ich mir fest vor doch wieder dorthin zu fahren.

An einem bestimmten ersten Freitag des Monats Juli machte ich mich in meinem alten Pickup auf die zweieinhalb Stunden Reise nach Südwest Texas. Die Auktion war immer jeden ersten Freitag im Monat in Stevenville.

Als ich dort ankam traute ich wieder mal meinen Augen nicht.

Das Gebäude war eigentlich nur für Rinderzucht und—haltung gebaut.

Es hatte Treppen und man konnte auf eine zweite Etage hoch und sich von oben die Pferde—oder wenn es eine Rinderauktion war, die Rinder—anschauen. Was ich dann sah waren hunderte von Pferden, die auf viel zu engem Raum wie Sardinen in einer Büchse zusammengepfercht waren.

Einige der Tiere waren total am ausrasten.

Unfälle und derbe Verletzungen waren vorprogrammiert und somit an der Tagesordnung.

Ich sagte zu einem der Typen, welcher dort zu arbeiten schien, dass die 'Corrals', in welchen sich die Pferde befänden, zu sehr mit Tieren überladen seien und dass dies zu gefährlich ist.

Doch der Typ schaute mich nur Hasserfüllt an und sagte mit so einer Art Einschüchterungsmanier, „Nein—das hier ist alles ganz normal'.

Für einen Moment bohrten seine stahlblauen harten, kalten Augen sich so was von hasserfüllt in meinen Augapfel, dass ich beinahe gesagt hätte: „Du Wichser, was glaubst Du überhaupt wer du bist?" Aber da ich dort bleiben wollte und die Luft dort schon dick genug war, konnte ich es mir gerade eben verkneifen.

Am Anfang der Auktion wurden meistens die besten Pferde aus hervorragender Züchtung mit Papieren, oft sehr jung versteigert.

Dann ging es richtig los. So um 9. 30 Uhr abends, wurden dann die Pferde durch den viel zu kleinen Ring gescheucht, wo man oft die papiere verloren hatte oder die seit geraumer zeit keinen besitzer gehabt hatte. Grade auch renn pferde die nicht mehr gut rennen konnten oder von einem idioten versaut worden waren, waren die opfer, denn es gab ausserhalb der rennbahn nicht genug Wissen, und somit leute die sich diese art pferde halten konnten oder wollten.

Das waren dann die, die Unglück gehabt hatten und von ihren Besitzern aufgegeben worden waren. Diese waren am verhungern oder einfach nur alt.

Hier und da tauchten Araber—pferde auf, die seinerzeit nicht schnell genug waren, und von der Pferderennbahn dann sozusagen einfach weggeschmissen worden waren.

Das Problem mit den Rennpferden „Thorobreds", also übersetzt Vollblutpferde, war unter anderem, dass sie ziemlich groß waren und somit die Einheimischen reichlich einschüchterten.

Da kam hinzu, dass sie sehr viel Qualitätsfutter und gutes Heu benötigten, damit sie ihr Gewicht behalten bzw. wieder herstellen konnten.

Was die vollblütigen Rassen anging, war noch das Problem, dass viele dieser Lowlife Cowboys weder wussten wie man wirklich reitet, trainierte oder ein temperamentvolles Pferd behandelte, geschweige denn so etwas wie Schönheit oder Leben in ihnen sah.

Die Masse war absolut ungebildet und im wahrsten Sinne des Wortes leider absolut saudoof ...

Das einzige wirkliche Argument war jedoch die Tatsache, dass wegen der Heuprobleme in Texas—oder vielmehr die ständigen Preiserhöhungen eben so probleme dann auch noch forderten.

Heu war ja eines der wichtigsten Nahrungsbestandteile eines Pferdes, denn Texas hatte immer wieder Trockenheit und Terz was Heu anging. Oft war Heu zu teuer. Deshalb endeten so viele Tiere verhungert oder vernachlässigt im Schlachthaus.

Tja, so saß ich nun auf der größten Auktion in Texas und erlebte, wie fast jedes Pferd welches nach 10:00 Uhr abends versteigert wurde, am nächsten Tag ins Schlachthaus chauffiert werden sollte und auch wurde.

Es sei denn, ich hätte ein paar hundert Dollar übrig ... oder tausende ...

Nach dieser Nacht kam ich um 2. 30 Uhr morgens nach Hause.
Erst als ich am nächsten Morgen aufwachte, kamen mir die Tränen.
Doch auch in den darauf folgenden Monaten ging ich immer wieder dort hin.

Auch zu allen anderen Auktionen. Es wurde zu einem beträchtlichen Bestandteil meines Lebens. Ich kaufte was ich konnte, päppelte was das zeug hielt und verkaufte in der Regel mit einem kleinen Gewinn. Obwohl ich ja ganz schöne Ausgaben für die Pflege und das Futter zu verbuchen hatte.

Nur 'Ambrosial', die ehemalige fast verhungerte Rennpferdstute, liebte ich so sehr. An verkauf war nicht zu denken. Ich hatte sie behalten. Dann verstarb sie., sie war dann schon achtzehn aber sie verstarb mit einer decke auf ihrem koerper und dem wissen das ich sie sehr geliebt hatte. sie hatte einfach zu viel in ihrem leben ertragen muessen. Ich hatte ihren leichnahm dann abhohlen lassen und sie dann fuer 200 dollar auf einem pferdefriedhof begraben gewusst. Es war fast so als würden wir uns gegenseitig sehr vermissen wenn wir uns eine längere Zeit (das waren dann höchsten 2 Tage) mal nicht sahen und sie vielleicht auch eifersüchtig war, und wenn ich bei den anderen Pferden auftauchte und mich um sie kümmerte.

Ambrosial trabte oder galoppierte dann wiehernd im Kreis als wolle sie sagen: Ey—wo warst du? Wo bist du denn nur immer so oft? Wenn du nicht hier bist fühle ich mich nicht wohl. I love you so much."

Wegen des schweren Lebens welches sie hatte, existierten Probleme mit ihrer Verdauung. Ich musste das Futter für sie immer nass machen welches sie bekam, damit sie keine Kolik bekam. Ein paar mal hatte sie eine, aber mit nächtelangen im Kreis führen brachte ich sie da durch. Wie eine Mutter die Nachts mit ihrem Säugling in der Wohnung hin und her läuft. dann, durch ihren tod, war wieder ein teil von mir weg.

Von Pferdeschändern, Blasphemisten und Gerechtigkeit

Was ich nach wie vor beim besten Willen nicht begreifen konnte war warum so viele Menschen für das blutrünstig Pferdeschlachten sein konnten.

Die Fleischindustrie jeglicher Art war ein großer Bestandteil der Menschheit in diesem Staat. Sehr von sich selbst überzeugt. Zur gleichen Zeit aber wurde Jesus Christus mit allem in Verbindung gebracht. Merkwürdig.

Sie hatten eine Mentalität des Geizes und des Kohle machens. Dafür gehen sie über Leichen. Mit einer unfassbaren Ignoranz.

Die 10 Gebote sagten etwas von, man solle nicht begehren was deinem Nächsten gehört. Man solle nicht töten. Man solle barmherzig sein.

Doch dieses Völkchen hatte zwar überall Kirchen, aber hauptsächlich war diese Religion ein gutes Versteck für sie.

Ich war der Meinung, dass man Religion hauptsächlich leben musste, durch Taten. Ob jemand sich um Senioren, Obdachlose, Kinder oder Kranke kümmerte. Oder wie in meinem Fall um Tiere—das war doch völlig egal.

Es geht doch darum, denen schnell zu helfen die leiden! Das war mein Verständnis der Religion

Ich fand Gott hatte die Tiere gemacht, damit sie unsere Freunde werden oder uns etwas beibringen konnten. Vielleicht auch um uns Menschen eine bessere Welt zu geben. In der Tierwelt gibt es keine Boshaftigkeit und keine Verlogenheit. Nur Treue. Und bedingungslose Liebe. und kamph um s ueberleben.

Biblischen Zeilen bemerkten, dass bevor das schlechte in die Welt kam sich beispielsweise der Löwe neben dem Lamm ausruhte und beide ein Leben in Harmonie lebten.

Was mittlerweile gemacht wurde mit Tieren und wie diese Bibelfritzen das rechtfertigten, war unmöglich—womöglich nur menschlich—aber eben völlig daneben.

Da reichte das Bewusstsein unter dieser „Primitivstkultur" nur für: Gott hat die Tiere gemacht, also kann ich sie auch essen.

Inzwischen führte ich, trotz der vielen Aktionen die ich startete, ein sehr zurückgezogenes Leben. Es war für mich fast unmöglich Leute zu treffen.

Natürlich hatte sich mein Leben durch die Veränderungen mit den Tieren in den Jahren 2006 und 2007 ein wenig zum besseren hin entwickelt. Alleine das erste mal seit dem ich in diesem Land war hatte ich durch Clark mehr Hilfe und Unterstützung gehabt, als jemals zuvor durch meine eigene Familie.

Die Freundschaft mit ihm war eine total platonische Verbindung.

Was auch immer ich brauchte gab er mir. Es war ein Geben ohne mich runter zumachen. Ein Geben, ohne dafür etwas zu fordern.

Wie es früher bei meinem Vater immer oft der Fall gewesen war, als er noch lebte. Er erwartete einfach zu viel von meiner Schwester und mir.

Oft verglich er uns, mit sich selbst in unserem Alter. Er erwartete fasst, dass wir uns als 12 oder 13 jährige Teenies nach der Schule in sein Restaurant stellten, um dort zu helfen. Er vergaß dabei, dass sich die Zeiten geändert hatten. Dass Teenager in den achtziger Jahren eben andere Interessen hatten.

Durch Clark lernte ich auf einmal eine Art ganz andere, neue Lebensmentalität kennen. Eine ohne ständiges Schuldeinflößen. oder sarkassmuss.

Seine Lebensphilosophie bestand daraus, alles positive zu sehen und das negative zu verdrängen, anstatt sich damit aufzuhalten und entsprechend das positive nicht aus zu schließen. ich hatte mir immer vorgestellt haetten die verbitterten deutschen vorahnen von mir das mal versucht. vieleicht waere derer leben und die lasten die sie auf mich ausgeuebt hatten etwas leichter gewesen.

Was in diesem falle mich selbst betraf waren das die jahre immer schneller am dahin fliessen waren. nichtmal wie ein fluss, oder see bei ruhigem wetter vor mir lagen sondern wie ein rasendes naturwunder, mit mir im schlauchbot eine stroemung herunter rassten. So kam es mir oft vor.

Was mir ueber jahre hinweg immer so gefehlt hatte war ein gesunder kontackt zu deutschen oder kreativen leuten hier, aber das schien einfach nicht der fall sein zu koennen und das machte mich immer sehr melancolisch.

Dann fing ich an selber was auf facebook zu machen und das war eine positive veraenderung fuer mich gewesen. Ich fand einige bekannte wieder von vor so langer zeit. Sogar natalie. sie lebte jetzt in florida seit ein paar jahren und hatte einen amerikaner geheiratet. Sie hatte aber nach 1988 nachdem ich paris verlassen hatte, dort noch unwarscheinlich lange gelebt, und auch in einigen anderen teilen europas und es war einfach so als haette ich meine grosse schwester wieder gefunden. ich war sehr happy. dann erfuhr ich auch wieder durch fb das pascal massix, meine einst so grosse liebe verstorben war. Er hatte sich einer lungen operation unterlegen, wohl wegen atem beschwerden und ist nach der narcose, 50 jaehrig nicht wicder aufgewacht. sein vater, claude haddat, jener welcher generationen von jungen frauen immer so belaestigt hatte, hatte also quasi den tag erlebt sein kind unter die erde zu bringen . . . remember . . . das war der welcher mich und generationen von models sexuell gedemuetigt und belaestigt hatte. Rob, von der milly vanilly angelegen heit war schon 1989, verstorben denn nicht nur war er entbloest und hatte kein bischen mut dieses zu akzeptieren und sich wie ein mann zu verhalten, nein, er nahm zu viele drogen weil er zu feige zum struggeln war, und nicht damit klar kam erfolk, verloren zu haben., obgleich er mit seinen vielen talenten noch vieles haette tuhen koennen. Er hatte mich ja damals sehr haengen lassen als ich ihm nicht mehr erfolkreich, genug war.

Ein anderer mann der mich waehrend der dreharbeiten des ottofilms aus dem cafe schoene aussichten rausgeschmissen hatte, im jahr 1987, weil der salat den ich mir bestellt hatte aus sah als haette derselbe drei tage in der vitrine gestanden, und der mich gedemuetigt hatte ohne ende, war in thailand ertrunken.

Dann kam ich langsahm auf die idee das ich vieles was passiert war auf schreiben sollte, aber ich hatte psychologisch einen totalen block und konnte die sachen und der vergangenheit nicht gegenueber treten, oder sie zu papier bringen oder in word program in einen computer bringen. ich hatte dann meine schwester um hilfe gebeten, aber es war mal wieder nur hysterie. Auch andere verwante fuehrten sich dann nur wie totale bestien auf. Eine cousine, die frau von meinem cousin der reporter war flippte aus wie eine wahnsinnige als ich ihn darum gebeten hatte doch sich mal alles durch zu lesen und mir mit einem deutschen verleger zu helfen. sie wurde sofort eifersuechtig als ich ihm blueprint copien in sein e mail account schickte. Sie kam an seinen computer ran und schrie tage lang und loeschte alles und als ich dort anrief wurde ich nur beleidigt. Mein cousin spurte dann und machte schoen was sie ihm schreiend aufkomandiert hatte. Ich hoerte nie wieder was von ihm.
Ich war schockiert darueber das es so muschi maenner gab, wo die frau wie eine tollwuetige neidische bestie herum komandieren kann und sich zwischen verwante stellte und damit davon kam. Aber mein cousin war eben ein, grunert' der sohn von meiner sterilen tante

Dann glaubte ich einen deutschen verleger trodz des vielen hin und her gefunden zu haben. und war eine zeit lang sehr happy. hatte aber dann zu viele probleme denn es war eine unglaubliche trockenheit, wenn nicht die groesste die es jehmals gegeben hatte seit ich nach texas gekommen war. oft sagte ich mir die leute welche sich in deutschland immer nur neurotisch benahmen und wegen dem kleinsten scheiss ausrasteten, sollten mal mit den problemen vieler menschen hier konfrontiert werden. Es waere unmoeglich fuer die dann zu existieren. Die ueberheblichkeit, gehaessigkeit und das kleinkarrierte waren wohl immer noch sehr an der tagesordnung, das sah man bei dem verleger dann selbst auf seiner facebook page. Es ging oft um politische sachen, er war ja auch ein politischer analyst und journalist, aber selbst katholisch, machte er durch bemerkungen protestanten runter und mir hatte er 8 oder neun monate gesagt er wolle das buch machen, hatte sich aber nach mehrmaligem flehen nie in verbindung mit mir gesetzt. Es waren natuerlich berichte von cleveren lektoraten gekommen, und einer war besonders demuetigend. Die frage der lektoratin war was ich denn erwartet haette, von rod steward geheiratet zu werden?

Daran sah man richtig das sich in der medien welt nicht viel veraendert hatte, und einerseits konnte ich gott wohl dankbar sein das er mich so geformt hatte, durch so vieles das ich erlebt und gesehen hatte, nicht so zu sein wie die.

Nach der niederlage mit diesem verleger/journalisten war ich echt down.

Ich fragte mich mittlerweile warum gott mich nicht voran lassen kommen wollte denn so kam es mir echt vor. in meinen schmerzen und meiner grossen enteuschung die auch das benehmen von meinen verwanten wieder hervor gebracht hatte, hatte ich immer wieder gebetet, und hatte ganzen gemeinden meinen, prayerrequest gegeben,' das mein leben noch mal wieder besser wurde, aber stattdessen auch wegen der trockenheit wurde alles nur noch schlimmer und ich war am verzweifeln . . . denn alles dehnte sich nur dahin. ich sah keinen ausweg und um etwas machen zu koennen brauchte ich viel geld und dann kam es mir so vor als haette alles nicht das geringste gebracht.

Um noch mal irgendetwas zu packen, brauchte ich geld, und ich brauchte ruhe und energie zum schreiben. Ein bestimmter verlag hatte mir die empfehlung mit dem e buch gegeben, aus freundlichkeit, und dann fand ich heraus das auch dies geld kostete. Ich war tausende im rueckstand, und brauchte aber tausende um weiter zu kommen.

KAPITEL 14

Die kreuzung

Irgendwann im winter letzten jahres hatte das mit der trockenheit angefangen.

Jemand sollte mal fasst ein dutzend pferde haben. Auf einer riesengrossen trockenen wiese, eine kleine wilderniss so zu sagen, und dann hoert der regen welcher in texas so oder so schon mickerig ist auf, und es regnet garnicht mehr. drei pferdchen wurden mir gegeben, drei pintos, alles stuten. Eine war so abgemagert gewesen das sie fasst nicht hoch kam. ich gab ihnen den spitznahmen, die drei hexen aus dem westen'.

Nachdem die pferde angefangen hatten mir ein wenig zu vertrauen, war der ausdruck in ihren augen immer so unwarscheinlich friedlich. erst hatte ich sie nahe am stall damit sich alle aneinander gewoehnen konnten und dann hatte ich sie auf die koppel gelassen. sie waren nicht so recht von den anderen pferden akzeptiert gewesen, so bestanden sie dann weiterhin aus ihrem kleinen trio. in einer zeit, wo alle wegen der bescheuerten wirtschaft pferde regelrecht verabscheuten, und dann noch die kriese mit dem heu, das herz zu haben drei verlorene stuten an zu nehmen war auf jeden fall eine taht des herzens, denn mein hirn hatte gesagt, nein'aber mit pferden gab es nur eins, man hatte sie im herzen oder nirgendswo.

Das war nur eine sache die mich belastete. Auf face book hatte ich mich immer fuer christliches ein gesetzt oder sachen von und ueber jesus im modernen sinne gepostet und leute hatten oft ueberhaupt nicht reagiert oder es wurden ein paar mal sogar freundschaften eliminiert. das war nicht unbedingt wegen mir sondern weil grade in deutschland gewisse leute gradezu allergisch auf christliches reagierten. Der bekannteste satz welchen ich hoerte war die immer wieder kindliche fragestellung'weshalb laesst gott das, dieses und jenes zu . . . ?

Tja, natuerlich konnte man diese frage stellen und zu viel erdliche hilfe erhoffen von einem gott der einen einerseits geformt hat, und einen menschen waerend dessen physischem lebens weiterhin formte. Wenn man an ihn glaubt, im gebet seinen schutz, hilfe, oder was auf dem herz lag suchte, oder erfragte/dann sollte es einem gegeben sein. aber oft reagiert er nicht auf anfragen des materiellem. ein erlebniss sollte dann wohl noch statt finden welches der beweiss war das der schutz durch gott vieleicht am nahesten um einen herum sein konnte, und man glaubte es nicht zu wissen, oder man dachte, gott sei nirgendwo. jeder tag war ein spirituelles schlachtfeld zwischen dem guten und dem schlechten, und es steht fest das der teufel genau so einen plan mit einem haben will. nur dieser plan ist den menschen zu verletzen und irgendwie in die tiefe zu schleudern.

Wie auch immer in allem schlechten ob krieg oder menschenmisshandlung, das was ich mit den tieren erlebt hatte und mir so zu herzen genommen hatte, das war der teufel dem die erde ja so gut wie gehoerte. Er will nie jemanden verlieren, und schon garnicht an gott. Er kann sonstwas an luegen verbreiten, sonstwas an gestalten annehmen und auch sonstwas an leuten denen wir im laufe unseres lebens begegnen, benutzen um uns oft von uns selbst abzubringen, oder uns selbst zu zerstoeren.

Logischerweise wusste ich das er schon seit meiner kindheit benutzte wehn er nur konnte um mich runter zu machen. Ein besonderes feststellen von einer thatsache war das er als' engel des lichts' erscheinen kann. Und dann wurde das oft nicht sofort klar. nun ja der engel des lichts in form von spielen, drogen, einem gut aussehenden mann, erfolk, und von da an ging es berg ab. die escimos fangen und toeteten woelfe in dem sie robbenfett auf ein scharfes messer schmierten. Der wolf wurde so gelockt und hatte hunger. Wenn er dann das messer leckte schnitt er sich dabei die zunge auf, aber dachte immer noch das bischen seehundfett schmeckte gut und war am ausbluten. Und so war es mit suende und verfuehrungen jeder art.

Viele waren vom teufel besessen und wuerden es niemals glauben. wir leben jetzt in einer zeit wo ein ausdrucksvoller film ueber das leiden und die kreuzigung von christus in hollywood krampfhaft boykotiert wurde. und ein film wie, black swan' mit einer ekeleregenden lesbenszene einen oscar erhielt. Und eine schauspielerin die dort mit spielte die hoechst bezahlteste, neben einigen anderen in hollywood ist. Und genau da sind wir beim thema, denn es wurde nicht umsonst nieder geschrieben das der teufel auch zu jesus kam, in einem moment wo derselbe extrem labil war. jesus befand sich in einer trockenheit und durstete, und hungerte, und der teufel erschien ihm hoechstpersoehnlich und sagte ;alle reiche dieser welt sollen dir gehoeren, wenn du mich anbetest. frech, wie der satan ist, und trickreich bemerkte er ;spring doch von der felsklippe, wenn du der sohn von gott bist, wird er dich auffangen. jesus der nur antwortete' es steht geschrieben man soll gott nicht testen'hatte in einem satz erreicht das der satan sofort verschwand.

Menschen bluteten eventuell aus. viele waren ausgeblutet.

Ich nicht. Ich wollte immer was man in modernen evangelistischen predigten hoerte weiter vermitteln, ob ueber facebook oder sonst irgendwie.

Ich wollte auch danach leben oder zu mindest dem guten nach gehen, obgleich ich am ende nur ein mensch war mit zweifeln, neigungen, und alles was an menschlichem dazu gehoerte. ich weiss das ich nicht perfekt bin, aber ich weiss das ich den satan hasse, denn ich habe ihn erlebt.

Im allgemeinen steckte er in jeder substanz, jeder droge wie alkohol, jeder bar, jeder disco, allem super materiellem, nicht zu vergessen pornografie, depression und die liste ist endlos. Genau so wie es engel gab, hatte der satan eine ganze armee von demonen die tag und nacht arbeiteten, sich an kinder und menschen heran zu machen.

So kam dann auch der zweifel in mir hoch. Ich war wieder verarmt. Allein, und es sah so aus als wuerde der traum mit dem buch nicht in erfuellung gehen und obgleich ich es versucht hatte, und so viel gebetet und beten lassen habe, hatten mich alle beteiligten haengen lassen oder verlassen. oft war ich noch im schock gewesen ueber die abfuhr die ich bekommen hatte von verwanten und anderen das ich mir mittlerweile nicht mehr den geringsten reim auf irgendetwas machen konnte.

Einmal hoerte ich eine predigt in der es hiess das gott alles voraus sieht, und manchmal aendert er plaene oder die menschen, oder laesst werke in gewisser weise nicht gelingen, so wie wir uns es vorstellen, oder es uns wuenschten. Er weiss jedoch schon was passieren wuerde und wie es alles noch klappen wuerde so lange wir unser vertrauen in ihn setzten egal wie hoffnungslos die lage war.

Tja und da war sie. meine lage. Mit der trocken heit kollapste der pferdemarkt, die futterpreise rassten nach oben wie die wunderpflanze die in den himmel schoss, geldquellen trockneten aus wie der trinkteich aus dem die pferde immer ihr wasser getrunken hatten.

Das wasser war nun wegen der hitze total verdunstet und geerte vor sich hin wie ein kranker giftiger hexenbrau.

Die fische waren gestorben und ich sass da und realisierte wie wichtig wasser war. als es ganz schlimm war liess mich die stadt lancaster in einen feuerhydrannten, tappen' und gab mir ein wassermeter und die pferde hatten dann wenigstens immer frisches wasser.

Das war aber auch das einzige das sich ein bischen erledigt hatte. und das kostete auch noch extra geld.

Ansonsten wurde alles immer schlimmer. Ein buchverlag aus deutschland war sehr lieb und hatte bedenken gehabt weil ich in texas war, und hatte zurueck geschrieben das mein geschriebenes nicht so ganz ihr style waren, hatten mir dann aber den vorschlag gemacht es als e book heraus zubringen. Dann hatte ich heraus gefunden das auch soetwas geld kostete. eine gute summe, und hier war ich . . . von der hand in den mund. Wie und woher sollte so etwas wie ein tausender fuer ein e book kommen.

Und somit waren diverse traumereien weg, denn mittlerweile sah ich keinen ausweg.

Der sommer hoerte 2011 nicht auf. Die miese lau bis zu pisswarme hitze ging mir so auf das gemuet das ich nur noch erbrechen wollte.

Leute die mir den sommer maisblaetter fuer die pferde in grossen rollen verkauft hatten hatten nichts mehr und der winter hatte nicht mal angefangen.

Ich musste ganz schoen ideenreich den speiesplan fuer die pferde erfinden. manchmal tag zu tag ins futtergeschaeft . . . weil das geld taglich so knapp war. ich hatte aufgehoert nach zu denken, und fragte mich wo gott war und wie es witer gehen solle.

Dann kam dieser Mittwoch morgen.

Die strassen waren verschmiert und irgendwie glitschig denn es hatte das erste mal seit monaten geregnet. ich hatte von einer autobahn die ausfahrt angestrebt und fuhr nun die nebenstrasse entlang und ich hatte ein gruenes licht als ich eine ampel anstrebte. ich hatte gruen. mir waren auf dieser autofahrt wie so oft viele verschiedene gedanken durch mein immer wieder gestresstes hirn grasst. Die pferde, geld, wie ich das beste aus dem heutigen tag machen konnte, druck usw. Aber irgendwie seit ich die nebenstrasse entlangfuhr waren die gedanken bei meinem vater und ich dachte daran das nun im bevorstehenden november sein tod 10 jahre her ist. Irgendwie fuehlte ich mich sanft, nicht terrorisiert vor seinem todestag wie oft jahre davor wenn die erinnerung und die angst vor dem datum war. und dann wanderten die gedanken auf mein facebook profil und an einige dinge die ich dort gepostet hatte und dazu gehoerten einige filmszenen aus dem jesus film von mel gibson. Ich weiss nicht warum, aber die scene kam mir vor augen als jesus im garten vor seiner gefangennahme ja vom teufel angemacht wurde. Und ich sah irgendwie die umrisse der nebligen filmszene, und dann auch wie jesus auf die schlange trat, mit seinem auftrag weitermachte und nicht auf den teufel hoerte. In dem moment glaubte ich ueber eine kreuzung zu fahren wie seit 20 jahren so oft bei gruenem licht. Auf ein mal kam ein riesiger muellabfuhr last wagen von links praktisch aus dem nirgendwo. es knallte, und es roch nach rauch. mein kopf war im schock, und irgendwie anders.

Der mexicaner am steuer hatte sein rotes licht ignoriert und mein kleiner sportswagen krachte in den laster und beide airbags explodierten vom lenkrat mir direkt in die brust, denn ich war ja relativ gross und fuhr gern mit ausgestreckten armen.

Dann schleuderte mein auto irgendwie und hielt. Ich hatte vollgebremst aber wegen des regenwassers, war der wagen gerutscht und hielt nicht rechtzeitig an. das vorderteil des autos war vom lackierten attracktiven flitzer in schrott verwandelt worden und waer ich eine sekunde eher angefahren worden waere mein koerper schrott gewesen und ich warscheinlich tod. die windschutzscheibe war in tausende kleine kristalle zerschmettert und so fuehlte sich mein kopf an. Ich hatte eine hirnerschutterung und nacken und ruecken schmertzten sehr.

Kaum stand der wagen still war nach meinem angstlichen aufschrei eine totenstille und es roch nach feuer . . . sofort, mich wie eine matschige tomate fuehlend war mein erster instinkt die wagentuer auf zu reissen und sofort aus dem fahrzeug zu fliehen. ich fuehlte meine beine und konnte auf stehen.

Der mexicaner hatte angehalten und ich schrie mit meinem zerschmetterten kopf ob er sich im klaren sei das er mich eben fasst umgebracht hatte.

Dann kamen bullen und krankenwagen und feuerwehr, und ich stand wie dumm da und der mexicaner bekahm mehr sympathy als ich.

Warum war eine starke frau immer die benachteiligte?warum fuehlte ich mich als es knallte wie in einer wattewolke von schutz?

Eine andere frau die an der szene vorbei fuhr hielt an und fragte ob ich o. k. sei und ich antwortete, nein'. dann half sie mir an dem morgen zu den pferden zu kommen damit ich auch zu meinem anderen fahrzeug kam, einem uralten pick up den ich seit 96 hatte, welcher bei den pferden geparkt war. nach dem sie mir an dem morgen echt gehlofen hatte, hatte es sich heraus gestellt das sie bei, zeugen jehovas, war, und sagte irgendwann, hoffe du hast kein problem damit;ich antwortete dann nur das es mir recht sei, und ich kein problem damit hatte.

Ich hatte sonstwas an papieren, zaumzeug und persoehnliche dinge im auto gehabt und alles musste daraus, und im hintergedanken waren die pferde die gefuettert werden mussten. deshalb liess ich mich selbst mit meinem zerschmetterten kopf nicht ins krankenhaus verfrachten. Dann rief ich einen ziehmlich bekannten anwalt an und der nahm sofort den fall. denn eins wusste ich, das ich diesmal fuer meine schmerzen bezahlt werden wuerde. und fuer den verlust des autos.

Ich ging in den tagen und wochen danach dann in eine clinique. meine knochen waren ganz derbe angeknackst und ich fuehlte mich miess und war lange im schock. aber das auto hatte mir etwas abfindung gegeben, bis spater noch etwas fuer die, knochen kommen sollte.

Und dann konnte ich erst mal einen haufen rechnungen bezahlen und war echt happy. und das mit dem e book kam auch in ordnung.

Kapitel 15

Retten und gerettet werden

Es kam immer wieder so vor das dieses leben welches ich nun hatte, von dem alles nur immer zufaelle waren, denn wenig hatte ich geplant von jenem was passiert war . . . immer weiter voran rasste.

Meine gedanken waren immer wieder voller erinnerungen und dann kam da dieser druck zu ueberleben jeden tag dazu. Die loorbeeren waren in meinem fall keine kinder, keine familie, kein ehemann nur der blick auf die pferde und andere tiere auch jene die schon tod waren die in meiner erinnerung lebten. Und mit dem blick auf die pferde und auf die prairie hatte ich freien blauen himmel und das wiederum war die freiheit und unbegraenzlichkeit und zur gleichen zeit einsahmkeit . . . oder war das die unabhaengigkeit . . . ? man konnte glaube ich bis ins infinitive raetzeln . . . ohne antworten zu bekommen

Ein toller moment auf einer pferdeauction war gewesen als ich den araberhengst 'tex' in einer corral allein sah. Es war in einem September, und ich wusste das er fuer den schlachthof bestimmt war. Er war so ein stolzes, edles wesen, sein ganzes leben vor sich nur zu wenige leute hier in texas anwesend, wussten genug ueber diese spirituellen, temperament vollen tiere und verstanden sie einfach nicht.

Als die auction dann voran trabte und dem ende zuging rannten sie das aengstliche schweiss nasse tier durch den ring und zu naechst ignorierte mich der auktionaer . . . dann bruellte ich ihn irgendwann an und ich kaufte ihn direct vom killerbuyer weg.

'roy, der auktionar war ein freund von trend dem groessten killerbuyer, neben terry.

Er hatte mir an dem abend schon einen anderen araber nicht geben wollen und das tier ging ab zum morden nach mexico.

Ich war dann happy, hohlte 'tex' am naechsten tag ab. Es war sehr heiss an dem tag., und einige wochen spaeter verkaufte ich ihn an jemanden der araberpferde wirklich liebte und das tier bekam somit ein tolles zuhause.

Ich hatte dann von dem neuen besitzer das wort das ich meine stuten jederzeit von dem hengst decken lassen konnte . . .

Dann war da auch dieser riesige andalusische hengst der verletzt war den ich auch einem killerbuyer abgekauft hatte., auch ihm fand ich eine neue lebenschance. Ich hatte ihn 'santos' genannt er ging mir nie aus dem kopf.

. er waer, auch umgekommen.

Ich weiss noch das ich versucht hatte das thema sogar auch in Deutschland zu verbreiten, jedoch ohne erfolk. Ein reporter der mal an einer documentation ueber wildpferde gearbeitet hatte bruellte mich sogar an und schimpfte das auch 'pferdefleisch' schliesslich die menschheit 'fuettterte'.

Es war schon oft so als wuerde ich gegen eine mauer rennen . . . und dann realisierte ich das nur ich allein ohne auf andere zu hoffen weiterhin den unterschied wenn auch nur fuer mich machen konnte . . . .

Im jahr 2008 fand ich endlich eine tolle weitraumige weide und somit eine bessere situation fuer die pferde und was deren haltung anging.

So richtig unzaehlige hectar land wo nur reine natur und totaler frieden war . . . in 2009 merkte ich dann das erst meine araberstute, dann eine grosse painthorsestute rossig wurden und es ging mehr oder weniger einige monate nacheinander mit dem pferdeanhaenger zu 'tex' dem tollen araber hengst zum decken. Ich wusste zwar das eine stute sehr lange traechtig war, so um die 11 monate oder manchmal 12 . . . aber ich wollte es einfach . . .

Thatsache war auch das ich von dem vielen tiertod und der vielen qualen welche ich gesehen hatte ein ganz schoenes stress syndrome entwickelt hatte und dann mussten natuerlich schlechte financen mit eine rolle spielen denn es kostete pferde zu kaufen und von auction zu auction zu fahren . . . dann kam endlich der sept 2010. eines morgens um 5 uhr kam ich bei den pferden an und die nacht davor hatte ich die hochschwangere sharif, meine araberstute schon in einen geschlossenen stall gesperrt denn ich wusste das jemand unterwegs war. Sie war am abend schon ein paarmal zusammen gebrochen und die vorwehen hatten begonnen. sie war jedoch frohen mutes. am naechsten tag ging ich schon am fruehen morgen so gegen 5;00 uhr morgens zur weide.

Die morgendaemmerung und das licht waren noch ein bischen schummerig aber es war ein makeloser herbstmorgen. Es war der sechzehnte oktober. es war sehr ruhig und einige pferde hatten sich um den stall gestellt. da wusste ich schon von weitem weg, das etwas neues angekommen war . . . und mit einem knoten in der magengrube da ich mich um meine stute sorgte naeherte ich mich dem geschehen. Ich ertappte mich dabei das ich den atem anhielt und mit meinen augen sah ich die umrisse von etwas nassem das auf dem boden lag und fuerchterlich strampelte. ich sah das die stute aufsassend noch lag. sie war bei bewustsein, zitterte jedoch als haette das grosse hengstfohlen ihr schmerzen gekostet die sie nur aus liebe ueberlebt hatt. Ich sah das ihr koerper zitterte und meine nerven zitterten mit. Und ich sagte zu ihr es tuht mir leid.

Dann war da das nasse fohlen und der geburtssack der da lag und fuer 2 stunden versuchte das fohlen auf zu stehen und sackte somit immer wieder auf den boden, und dann fing sharif an das fohlen zu lecken und seine blutcirculation wurde angeregt und es that mir weh das er immer wieder knall hart hinfiel.

Ich sagte zu ihm 'du heist 'genghis' . . .

Ein halbes jahr spaeter war es dann nicht anders mit bugsy.

Ich hatte sie 7 tage vor der geburt schon in den stall gestellt um die eventuell gebahrende vor koyoten und den anderen pferden zu schuetzen . . . und auch das fohlen. ich hatte mir auch schon sorgen gemacht das irgendetwas vieleicht nicht hinhaute und ich irgendwie vieleicht dort ankam und die stute sei explodiert und mutter und fohlen seien tod. Und das ich dann die ueble aufgabe haette sie mit ketten und pick up dort raus zu ziehen und den koyoten den frass des jahres zu kommen liesse. Aber dann kam alles ganz anders und meine angst war weg. ich sah ein kleines schon trockenes fohlen. Als ich. am23 januar2011 auf die weide kam und ein sehr huebsches paintfohlen mich an wieherte war ich happy und traurig zu gleich. Dann verlangsamten sich meine schritte und ich dachte zu mir . . . bitte kein hengst kind . . . . Bitte nicht.

Und dann sah ich das es ein maedchen war,. voller leben. Und die alte stute die mal im leben sehr von menschen misshandelt worden war, hatte nur noch liebe in den augen. sie liess mich nicht nahe an das baby ran, und ich sagte, ich werde sie dir nicht weg nehmen.

Ich weiss einfach vieles nicht, und warum es mir in schweren zeiten oft so vor kommt das ich mein leben besonders in den letzten zehn jahren immer wieder weggeschmissen hatte. Ich weiss die verluste, und das was nicht mehr ist oder war. Und ich weiss das ich vieleicht wo anders hin sollte denn alles hier wahren jeden tag nur extreme. Erde zu hart, sonne zu heiss, ich weiss das sich in heissen juli tagen ein e gestalt in meiner fantasie breit macht. Eine cartoon figur aus einem mexicanischem comic buch. die gestalt hat keinen nahmen aber er taucht auf wenn es zu heiss ist im sommer bei den pferden. Sitzt auf den kakteen, oder auf verkehrsampeln und will mir etwas energie einreden. Wie heiss muss es im leben manchmal sein um eine, imaginery figur' zu haben. aber egal wie extrem es alles ist oder war, oder auch die thatsache das ich jeden abend sehr kaputt bin.

Morgens steh ich oft frueh auf, fahr zu den pferden, und sehe die sonne aufgehen.

Sie geht im osten auf und ist ein riesiger feuer ball. so riesengross geht sie nur in ganz trockenen gegenden auf und ist blutrot. Dann wird sie so hell das man wenn man reinschaut fasst erblindet. Und wenn ich die pferde kauen hoer, und ich in diese sonne schau, wenn sie schon heller scheint—, fuer momente nur, kommt es mir so vor als sei alles was mal war ob von millionaeren eingesteckt bekommen oder von verwanten die einem das herz gebrochen hatten,. Oder irgendwelchen anderen, in dieser sonne waren alle nichtig, und klein. im jahr 1994 hatte ich zwei pferden die ein jahr alt waren geschworen das ich sie nie hangen lassen wuerde und beide werden im naechsten jahr neunzehn.